B.LEAGUE 新時代のリーダー論

佐賀バルーナーズ　ヘッドコーチ兼GM
宮永雄太

徳間書店

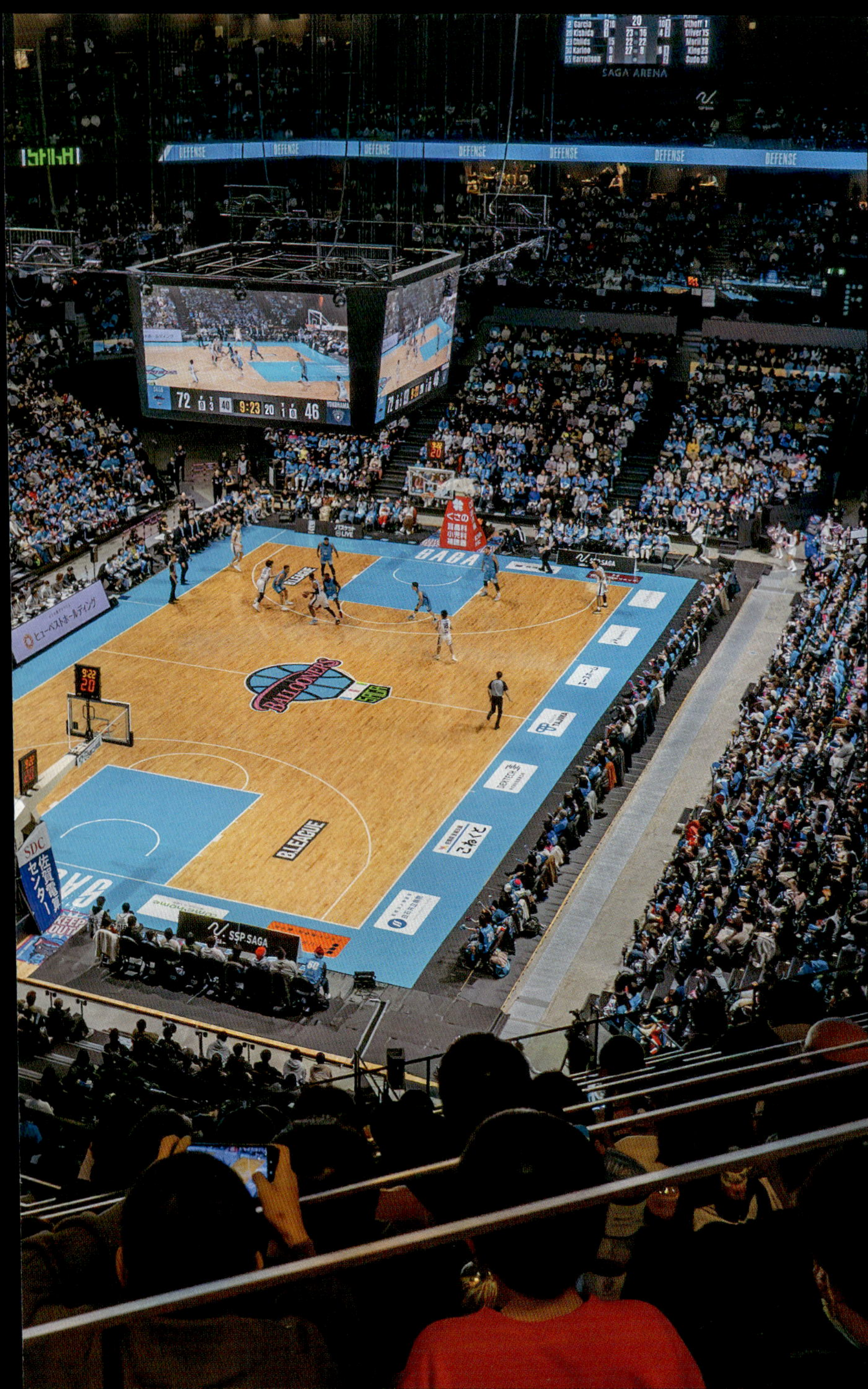

SAGA ARENA
DEFENSE
SAGA
B.LEAGUE
SSP.SAGA
SDC
佐賀電算センター
KEEP OUT

© HITOSHI KUBO
2023-24シーズンのホーム戦より

佐賀県食糧株式会社
UEMURA
34
SAGA

SAGA

UEMURA HOSPITAL

UEMURA
HOSPITAL
EK
2

11月まで誰でも無料

植松建設
SAGA TV

0:05

はじめに

2022-23シーズン
B2プレーオフファイナル
佐賀バルーナーズ 対 長崎ヴェルカ

ついにB2の決勝戦の
第2戦の終盤まできた。
試合は4Q、残り19秒の時点で、
佐賀バルーナーズが3点リード。
前日の第1戦を
88-80のスコアで勝利していたので、
この3点リードをキープできれば、
B2での優勝が決まる。
やっと「優勝」が見えてきた。
あともう少しだ。

選手も、スタッフも疲労困憊《こんぱい》の状態だったが、あと数秒で終わる。
みんな、緊張はしていたが、戦う闘志が消えていない。よし、行ける！

――たった2年前、私は無職だった。

こんな未来が待っていると思わなかった。
どん底の状態で、佐賀のバスケットチームに呼ばれて、
「佐賀バルーナーズ」の指揮を執《と》ることになった。
佐賀の街も、人々も、何も知らなかった人間が、
佐賀に呼ばれて、佐賀で生活をし、バスケットチームを指揮する話だ。

この本を出すにあたり、佐賀バルーナーズの代表取締役社長であり、
良き理解者である田畠寿太郎氏や、
山口祥義佐賀県知事については触れずにはいられない。

そして、チームスタッフ、選手、
そして、何よりもブースターの方への
感謝は言葉に言い尽くせない。
私自身を生き返らせてくれた佐賀のみなさんに、
私が返せることは、唯一「優勝」しかない——。

CONTENTS

1章

選手時代

バスケットボールの出会いと、
今の基盤を作ってくれた場所

01
バスケットボールとの出会い

本書の本筋に入る前に、1~2章では私とバスケットとの出会い、そして大切な人との関わりが、自分の進むべき道を明確にしてくれた点について、まずは振り返ってみたいと思う。

私は両親と兄の4人家族で、北海道の札幌育ち。

父親は高校の教師で、野球部の監督、母は趣味でダンスやテニス、兄は少年団からサッカーに打ち込むという、どちらかというとスポーツ好きな一家であった。

父はそんな我が子たちを野球少年にしたかったに違いないが、物心ついた兄と私にバットとグローブを買い与えたものの、兄は家の前で父とキャッチボールをする程度。そして私はそのキャッチボールにすら興味を持てなかった子であった。寡黙《かもく》で優しかった父は、そんな子どもたちに何も強制しなかったが、きっと兄弟のどちらかには野球の道に進んで欲しかったに違いない。そんな思いに応《こた》えられなかったことは、少々心残りである。

私は札幌市立西岡南小学校の3年生のときにミニバスケットボール（※1）を始めた。

そのときの担任だった西野文雄先生がミニバスケットボール少年団の指導者だったことが大きな理由だ。西野先生は元々、女子のミニバスを教えており、後からわかったことだが、わが校の女子のミニバスのチームは当時、北海道で一番強かったのである。いわば、西野先生は北海道で一番強い女子チームの名物監督だったわけだ。そんな監督から誘われるなんて、今、考えるとありがたい話であり、今もなお連絡を取り合う仲だ。

※1　ミニバスケットボール

通称、ミニバス。通常のバスケットボールよりも小さいボールや狭いコートなどで行われる球技。

多くのアドバイスをくれた、船引姉妹

ある日、西野先生は、私に「男子のバスケのチームを作るけれど、やってみないか？」と声をかけてくれた。

それが自分にとって初めての「バスケットボール」との出会いだった。私は〝かけっこ〟が速かった。それを見ていた西野先生がバスケ部に勧誘してくれたというわけだ。

足が少しだけ速かったことが誇らしかった。その長所を活かせるバスケットボールが練習初日から大好きになった。そして、バスケットボールに夢中になっていった。

小学校には5つ上に船引《ふなびき》かおりさんという先輩がいて、その3つ下にまゆみさんという妹がいた。

船引姉妹（※2）はとても素晴らしいバスケットボール選手で、大学卒業後、

※2　船引姉妹

姉かおり、妹まゆみ。北海道出身。姉妹ともに富士通レッドウェーブに所属。

ＷＪＢＬ（バスケットボール女子日本リーグ）の「富士通レッドウェーブ」でプレーをし、当時の日本の女子バスケ界を牽引する選手として大活躍した。かおりさんがミニバス時代、私のことを弟のように可愛がってくれたのをよく覚えている。

かおりさんには人としての心構えのようなものを教えてもらった気がする。誰よりも努力をすること、仲間を第一に考え、そして、チームとは何かを体現できる数少ない選手の一人だったと今でも思う。私がかおりさんから受けた影響は計《はか》り知れない。こうした幼い頃の出会いが、今でも続いてくれていることにとても感謝している。

たくさんの人と出会ってきたバスケ人生であるが、バスケを通じていただいた「縁」には、何か不思議な力を感じていた。二人と出会ったその約30年後に富士通レッドウェーブのアシスタントコーチになったからだ。その際にアドバイスしてくれたのも船引姉妹だった。

02

今の私があるのは、西野文雄先生のおかげ

バスケットボールの道に誘ってくれた西野先生は、バスケに対して熱い人だった。もし、西野先生が誘ってくれなかったら、今とはまったく違う人生を送ってきたはずだ。

西野先生は女子チームの練習のときは厳しい先生だったが、男子の練習のときはとてもにこやかで、「ボールを持ったらシュートだ」と常々言っていたのを今でも覚えている。

先生は小学3年生の私にバスケットの楽しさを教えてくれた。西野先生は、必要な年代で、必要なファンスポーツの要素を体験させてくれたし、この経験が私の今の指導者としての原点になっていると思う。

ただ、小学5年生のときにバスケができなくなる危機が訪れた。西野先生の転勤に伴い、所属していた少年団チームが消滅してしまったのだ。ショックだった。24時間、バスケットボールのことしか考えていないぐらいのめり込んでいたので、一時は転校も考えたくらいだった。

1時間かけて、札幌で一番のチームへ

小学校の授業が終わったあとに、他のチームの練習に参加することが叶った。家から1時間以上かかるところだったが、そんなことより札幌で一番強いチームで練習ができる、その喜びのほうが大きかった。バスケットボールを続けるならば、強いチームでやりたいと思ったからだ。

ただ、別の小学校から入ってきた私のことをどう受け入れてくれるかとても不安だったし、抵抗する子もいると思ったが、全員が私のことを温かく受け入れて、すぐに仲よくなれた。

中学校に進むとそれまでの少年団と違い、学校の部活となる。その際もバス

ケットボールの強いチームで、もっと自分を向上させたい思いは変わらなかった。

しかし、バスケットボール強豪校の校区内に住んでいなかった。本来であれば校区内の学校に進むはずだったが、私はどうしても諦《あきら》めきれず、家族に相談し、住所を変更して、当時強豪と呼ばれている中学校に通うことを決断した。

家族の理解には本当に感謝している。毎朝早起きして、バスに乗り、その中学校でプレーすることができた。

03 新たな指導者との出会い

北海道でも1、2を争う強豪だった中学校では、衝撃的な指導者に出会った。鈴木康裕先生は、バスケットボールのプレーヤーとしての経験はゼロ。そして、バスケの指導者としての経験も少ない、いわばその世界では「素人《しろうと》」だった。

当時の私は自分の技術に自信があったため、1年生から主力として活躍できると確信していたし、上級生と練習をしていても明らかに私のほうが上であった。

1年生のとき、当時の3年生の努力で全国大会出場の切符を掴むことができた。もちろん、私もメンバーの一員としてコートに立ち、活躍することを想像していたが、一度も出場メンバーに加わることはなかった。まったく理由がわからなかった。ただただ、出場できなかったことを悶々《もんもん》としながら過ごしていた。

強いだけではいけない。重要なものが足りなかった

卒業してから、鈴木先生と食事をする機会があったため、当時のことを聞いてみたら、答えはシンプルだった。「信頼に値していなかったからだよ」と。

私の感覚ではバスケのために遠い強豪校に入学し、「やってやる!」という鼻息荒い思いから、単純に強くてうまい選手が試合に出られると勘違いしていた。

思い返せば、鈴木先生は私が中学校を決める際も、一切勧誘してこなかった。普通であれば「我々の学校に進学しないか?」という声を少し期待していたのだが、鈴木先生の感覚では誘わなくても、この子は我々の学校に進学する、と思っていたのだ。そのため、勧誘しないと決めていたようで、まんまと先生の術中にはまっていたのだ。

私は3年生のときには、北海道で1位になり、全国大会へと歩を進めた。そして、全国大会の個人得点記録(1試合41得点)も作ることができた。私の中学生活は鈴木先生のバスケにひたすら夢中にさせてもらった3年間だった。

04 家族への感謝

私の父親は高校の教師で、現在、兄は中学校の教師なので、自分もいつかは指導者か教師になるだろうと思っていた。そのため、大学時代に教員免許を取得したのは自然の流れだった。

大東文化大学に入学する際には経営学部を勧められたが断った。当時、語学力を高めるためには、兄と同じ文学部に進むべきだと考え、大学の山口監督に「文学部に入学させてください」と直談判した。いつかバスケットボールのチャレンジの旅が終わったあとは指導者になりたいと思っていたからだ。

バスケットボールを始めた当初から、両親は私の真剣にバスケに向かう姿を応援し、そのうちみんなバスケにハマっていった。小学校から高校までほぼ毎回の試合を観戦し、試合の模様を撮影してくれた。私は家に帰ってから、そのビデオを見るのが楽しみだった。そうしたことを、当時は当たり前だと思っていたけれど、今、振り返れば、それはありがたい経験だった。

そして大きな楽しみのひとつが『月刊バスケットボール』というバスケットボール専門誌を買ってもらうことだった。その雑誌を読むたびに「いつかこの専門誌で表紙になる」と真剣に考えていたが、その想いは『インターハイ直前号』で実現した。

ふと、思う。両親が「今の私を見てくれていたら、なんて言ってただろうか」と。

でも、両親は昔から純粋にチームや自分のプレーに感心し、多くを語らず応援してくれた二人だ。きっと今の佐賀バルーナーズを応援しに来てくれていたとしても、昔と同じように二人で楽しみつつ応援してくれただろうと。

家族写真

いつも私を支え、後押ししてくれる偉大な兄

父親は私が社会人になった2004年に病気で亡くなった。

その10年後に母親が父のあとを追うように病気で亡くなった。

今の活動や指導している姿を見せてあげられなかったのは残念だが、その分、いつも側に兄がいてくれた。

兄は父が亡くなったときも、母が亡くなったときも、毅然《きぜん》と振る舞い、ほとんど人前で涙を見せない、強い人だ。私は親が亡くなる度にショックを受け、何もできなくなってしまった。

だから、兄がいてよかったと心底思う。私は結婚して、妻と2人の子どもの4人で暮らしているが、私にとっての兄はメンター的な偉大な人物であり、大事な節目のときはいつも兄に相談して決断している。

もちろん、佐賀に来ることを後押ししてくれたのも兄だった。

兄と私

05

ライバル・柏木真介という人物

高校に進学する際には、秋田県にあるバスケ名門校の能代工業高校（現・能代科学技術高校）に行こうと考えていた。北海道にとどまらず、全国で勝負したいという思いは日ごとに強くなっていた。

中学校の全国大会で41得点を取って、当時の大会記録を残していたし、自分はどの高校に行っても十分通じるという自信があった。それまで対戦してきたどのチームにも負けなかったし、特に1対1の勝負ではどんな相手にでも負ける気がしなかった。

しかし、誘いの声はかからなかった。自分は能代でプレーできると自信があっただけに理由がわからなかった。

だが、北海道で一番強かった東海大学附属第四高校（現・東海大学附属札幌高校）に入学することができた。自宅から歩いて10分ぐらいのところにあった学校だったので、それまでの長いバス移動がなくなり、逆によかったと今はポジティブに思っている。また、尊敬できる中学校の先輩である木下涼介さんが進学していたことも、その高校を選んだ理由のひとつでもあった。

同級生のガードの3人

そこで出会ったのは同級生の柏木真介（※3）だ。本書をお読みの方はご存じだと思うが、彼は今でも私の仲のいい友人である。

彼も同じガードのポジションだったが、彼はメインのポイントガード、私はシューティングガードだったので、今考えてもよいコンビだったと思う。もうひとり、小原和峰というガードの選手がいて、試合中は3人が一緒に出ていた時間帯が多く、バスケ以外の時間も一緒に過ごすことが多かった。

小原は高校を卒業したあとに、札幌大学で活躍し、クラブチームでバスケッ

※3　柏木真介

北海道帯広市出身。シーホース三河所属（2024-25シーズンは三遠ネオフェニックスにレンタル所属）。ポジションはポイントガード。

トボールを続けた。北海道のバスケを強くしたいとの思いから、今は札幌大学のバスケ部の監督として活躍している。

私たちのチームは3年生の年に、インターハイで全国2位になるほど強かった。

柏木とはお互いJBL（日本バスケットボールリーグ）の別々のチームに進んだが、彼とは高校時代から友人であり、ライバルでもある。

日立サンロッカーズ（現・サンロッカーズ渋谷）に入団した柏木は、当時、新人王とスティール王を獲得した。一方、私はJBLで優勝を経験したものの、ほとんど試合に出ていなかった。柏木の活躍を横目にますます、〝試合に出たい〟〝試合に出て活躍したい〟、その気持ちが強く募《つの》っていった。

常にライバルだった柏木選手（右）

06

2人の恩師との出会い

東海大学附属第四高校の永野進監督も、私のバスケットボール人生に大きな影響を与えてくれた一人である。当時のバスケットボールの戦い方の主流は、しっかりと役割を分担し、ガード、フォワード、センターといったポジションに応じた動きが一般的だった。しかし、今でこそスタンダードになってきたが、ポジションレスバスケットボールを初めて経験させてくれたのは永野監督だった。

セオリーを覆《くつがえ》し、最も効率的で相手が嫌がる戦術とは何かを独自で考え、当時どこのチームも採用していなかった「3ガードバスケットボール」を展開した。日本人、特に身体的アドバンテージを打ち出しにくい高校バスケット界にとっては真逆をいくような戦術だったが、後《のち》に全国の高校チームの多くが採用したのも有名な話だ。

大学進学の時期が近づくと、東海第四高校の永野監督に「お前が行きたい大学があるならば、行けるようにしてあげるよ」と心強い言葉をいただいた。

私はすぐに試合に出たかったという思いもあり、当時、関東の1部リーグでも下位にいた大東文化大学に行く決心をした。そこで、「うちの選手が大東文化大学に行きたいと言っているから、試合を観に来てくれ」と大東文化大学の山口忠芳監督を誘ってくれた。

高校時代の監督である永野進先生と大東文化大学の山口監督は日本体育大学先輩後輩の間柄で私のプレーを観たあとに大東文化大学からオファーをいただけた。このときも「縁」に感謝した瞬間だった。

「監督のために勝ちたい」と思える恩師

大学時代は寮生活をしていたのだが、毎朝晩欠かさずに選手、スタッフの食事を作ってくれていたのが山口監督だった。忙しい毎日だったにも関わらず、毎朝5時には監督が朝食の準備をしてくれていたのだ。

当時、ランス・ベッカートというコーチがいたため、山口監督はバスケについて助言をくれることはなかったが、マンガ『スラムダンク』の安西監督のように、何かの節目にひと言、アドバイスをしてくれる指導者だった。

「監督のために勝ちたい」と思える、山口監督もまた、そんな指導者で、人生において影響を与えてくれた指導者の一人だ。

2章

JBL～B.LEAGUE時代

HCとして、GMとして、
学んだ場所

07

東芝ブレイブサンダースでの第一歩

私の当時の夢は日本代表に選ばれることだった。

私が大学を卒業した2004年当時は、日本にはＪＢＬ（ジャパンバスケットボールリーグ）しかなく、トップレベルのバスケ選手は全員ＪＢＬでプレーをしていた。

大東文化大学在学中に、ランス・ベッカートコーチが以前、ＪＢＬの東芝ブレイブサンダース（※４）の通訳を務めていたこともあり、その繋がりで東芝からオファーをいただいた。

もちろん、私は目標実現のために、東芝に二つ返事で入社した。

※4　東芝ブレイブサンダース

1950〜2016年まで東芝バスケットボール部として活動。「川崎ブレイブサンダース」の前身。

当時のＪＢＬは企業チームだけで構成され、プロ契約している選手はいたものの、東芝に所属している日本人選手は全員が社員だった。私にとってても引退後も東芝に残ることができる選択はとても魅力的な話だった。

入社した私が働いていた部署は、「電波機器製造部」。細かくいうと、防衛関係の部品の管理が主な業務で、現場に部品を運んだり、足りない部品を補充していた。伝票を発行したり、業者に部品を発注するなどの業務を担当していた。

企業に入社したおかげで、経験したことのない社会人としての学びを得ることができたし、組織の働きから社会の常識まで、東芝という会社で学んだことはとてつもなく大きい。

社内は上下関係があまり厳しくなく、なんでも言いやすい環境で、とても仕事をしやすい職場だった。

東芝時代は朝9時～12時まで仕事をして、昼食を取ってから、その後はウエイトトレーニング、そして15時からはバスケットボールの練習というスケジュールだった。

バスケと仕事の両立に感じたぎこちなさ

東芝の寮は練習場の近く、川崎市幸区小向町にあり、そこで社会人生活が始まった。寮の個室の間取りは6畳。個室にトイレやお風呂はなく、トイレは各階に、お風呂は共用の大浴場だった。

寮の隣の部屋には大ベテラン選手の北卓也氏（現・川崎ブレイブサンダースGM）がおり、社会人としての振る舞いはすべて北さんから学んだといっても過言ではない。

バスケットボールに関しては、ベテランポイントガードの節政貴弘《せつまさたかひろ》氏（現・バスケットボール解説者）の影響が大きい。特にゲームコントロールなどのスキルは参考にさせていただいたし、多くを教えてくれた。

大学までシューティングガードだった私が本格的にポイントガードをやり始

めたのは東芝に入ってからだったので、北さんと節政さんから受けた刺激は私にとって、とても大きかった。

ただ、入社当初からバスケと職場の両立にどこか、ぎこちない感覚を抱いていた。

結局、東芝には8シーズン在籍し、リーグ優勝1回、天皇杯優勝1回を経験をして、たくさんよい思いをさせてもらった。

当時のバスケットボール界は、移籍の動きは活発ではなかったものの、さらなる高みを目指すことと、常にチャレンジすることを選択してきた私は大きな決断をした。

2012年のオフに移籍することを決めたのである。

08

移籍して、初めて〝プロ〟を意識した

2012年夏、栃木ブレックス（※5）に移籍したが、東芝とのギャップを強く感じた。実業団チームから、栃木のような完全なプロのチームに加入したわけだが、まず、練習の強度に驚かされた。練習中でも喧嘩になるほど、みんなが真剣そのもの。最初は戸惑いもあり、ついていくのに必死だった。

とにかく個が強いチームだった。チームメイトがパスしてくれないこともあったし、自分をアピールしないと落される世界。プロとはこんな感じなんだと洗礼を受けた。

当時の栃木は今振り返っても、スーパースター揃いだった。田臥勇太選手、川村卓也選手、網野友雄選手、山田大治選手、伊藤俊亮選手は全員日本代表選手

※5　栃木ブレックス

2007年に栃木ブレックスとして創設。
現・宇都宮ブレックス。

で、新人には遠藤祐亮という今の〝ブレックス〟には欠かせない選手もいた。本当に素晴らしいメンバーが揃っていた。結局、栃木には1年しか在籍しなかったが、本物の「プロ選手」のあり方を学んだ貴重な1年だった。

はじめて体験した、プロという名の洗礼

この時、プロ選手としての自分自身の在り方に少し迷いがあったのも正直な話だ。個性の発揮を優先するのが自分らしさなのか、協調性を大切にチームにとって自分がどうあるべきかを優先するのか――この葛藤に悩んだ。

当時の鎌田眞吾代表、安齋竜三選手（現・越谷アルファーズHC）には本当に感謝している。おそらくこの2人は感じとってくれていたのか、ことある度に、「今日飯に行くぞ」と私を誘ってくれていたのだった。

後《のち》に、今もなお尊敬する指導者の青野和人氏と水野宏太氏との出会いも、この年の出来事だった。

09

2年半の千葉ジェッツ時代

栃木ブレックスからの移籍先は千葉ジェッツ（※6）だった。私が移籍した当時は、クラブができて3年目だった。

今のように常勝軍団ではなかったが、私が移籍して3年目に富樫勇樹選手が入団し、チームはよい方向に向いていた。

千葉ジェッツに移籍して3年目の途中に、日本代表（2024年現在）の原修太選手が特別指定選手として入ってきて、私はメンバーから外れることとなった。

当時の千葉ジェッツの代表取締役だったのが島田慎二氏（※7）である。千葉のメンバーから外れる際、島田さんに「プレーができるチームに行きたい」

＊6　千葉ジェッツ
2011年に千葉ジェッツとして創設。現・千葉ジェッツふなばし。

※7　島田慎二
B.LEAGUEチェアマン。株式会社千葉ジェッツふなばし代表取締役会長を務めた。

と懇願した。

島田さんは選手の気持ちに寄り添う人で、選手のことをよく理解してくれる人であった。ある日、島田さんは私に「どこに行きたい？」と聞いてきた。

「私は『レバンガ北海道』に行きたいです」と咄嗟《とっさ》に応えていた。

それには理由があり、そうなる前から北海道には興味があったからだ。北海道は私の地元。私を育ててくれた北海道のバスケットに少しでも恩返しがしたいという思いがあった。島田さんは即座に動いてくれて、当時、レバンガ北海道の代表兼選手だった折茂武彦氏に連絡をし、折茂さんも私の意向を汲んで受け入れてくれた。

そのおかげで、2015－16シーズンの最後の3カ月はレバンガ北海道でプレーすることができた。本当に島田さんと折茂さんには感謝しかない。

そして、シーズン終盤の難しいタイミングでの移籍だったにもかかわらず、水野宏太氏と桜井良太選手（2023－24シーズンで引退）にはオンオフの両面で助けられた。

10

2016年のシーズンに新リーグ誕生

2016年から新しいリーグ「B.LEAGUE」が誕生した。このリーグができて、日本のバスケは完全にプロ化した。それまで企業チーム中心の「NBL」とプロチームの「bjリーグ」という2つのリーグが並立していたが合併し、18チームから始まる「B.LEAGUE」が創設。

当事者としてはチーム数が多くなることで、競技力やクオリティーの面で少し不安があったのは事実だ。だが、NBLに所属していた私としては、bjリーグのようなエンターテインメント性は喉から手が出るほど必要な要素だと思っていた。NBLとbjリーグの融合は「日本のバスケットボール界の発展」には必要不可欠だった。

選手兼任としての指導者の第一歩

レバンガ北海道でのレンタル期間を経て、富山グラウジーズからオファーをいただき、富山に移籍することを決めた。

B.LEAGUEの1シーズン目に富山グラウジーズに選手として入団したが、2シーズン目に「選手をしながら、アシスタントコーチをやらないか？」というオファーをいただいた。オファーを受けて初めて〝指導者〟を意識して考えるようになった。36歳のときだった。

コンディションさえよければ、十分に選手としても活躍はできる。40歳を越えても現役活動をしている人はざらにいる。ではなぜ、そんなオファーを受けたかというと、私自身、選手生活が終わったあとはバスケ指導者の道に進むのではないかと、おぼろげながら考えていたからだ。選手としての経験を活かし、セカンドキャリアに向けての準備ができるよいチャンスだったのだ。

大学時代には中学と高校の教員免許を取り、千葉ジェッツに在籍している間に順天堂大学の大学院に通って、コーチングの勉強を並行してきたが、すべてつながっているんだと実感している。

富山では、思うような成績を残せなかったが、この2年間を振り返ると、プレイヤーとしての締めくくりの時期であったとともに、これからのバスケット人生をどうデザインしていくかを考えることができた、大切な2年間だったと思っている。

そして、その富山でBTテーブス氏(※8)と出会い、引退できたことが、また次のステップに進むきっかけとなった。そう考えると、富山での2年間もまた、必要な時間であったのだ。

※8　BTテーブス

2014年に富士通レッドウェーブのヘッドコーチになり、2016年に辞めるも、2018年、ヘッドコーチとして復帰。

富山グラウジーズ時代

11 引退後、富士通レッドウェーブに入団

引退した年に、運よく、富山グラウジーズで一緒にアシスタントコーチをしていた、BTテーブス氏が、2018年シーズンからWJBLの富士通レッドウェーブにヘッドコーチとして復帰することが決まっていた。BT氏は以前に富士通レッドウェーブでコーチを務めていたことがあった。

そのBTテーブスHCが私に「富士通でアシスタントコーチをやらないか?」と誘ってくれたのである。もちろんB.LEAGUEを離れて女子の世界に飛び込むのには葛藤もあったが、私自身の人生、バスケットボールのキャリアにおいて、とても大きな経験になるのではないかと思い、2018-19シーズンから富士通レッドウェーブでアシスタントコーチをやることに決めた。

富士通では2シーズンをアシスタントコーチとしてBT氏の下、女子のバスケ界で仕事をさせていただいたが、年々注目度が増すB.LEAGUEにいつかは戻りたいとの思いも芽生えてきた。

2シーズン目の途中に、地元の札幌で折茂武彦氏と会う機会があった。折茂さんに「いつかはB.LEAGUEでヘッドコーチをしたい」という話をしたら、その直後にレバンガ北海道からオファーが届いた。

こんなチャンスはないとすぐにオファーを受けたかったが、まだ契約が残っていた富士通と、まずは相談すべきだと考えた。

富士通は自分の気持ちを理解してくれて、「そんなチャンスは多くないので、北海道で頑張ってきてください！」と背中を押してくれた。富士通レッドウェーブのフロント、そして、BTテーブスHCには感謝しかない。

12

レバンガ北海道のヘッドコーチに就任

2020‐21シーズン、B1のレバンガ北海道のヘッドコーチ（HC）に就任した。

ようやくB1のヘッドコーチになれたことは嬉しかったし、私にとっては大きなチャレンジだった。

もちろん、苦労することはわかっていたが、レバンガ北海道は成長できるポイントがいくつもあった。また、時間をかければ優勝を狙えるチームに育つという自信もあった。

最初にレバンガ北海道のヘッドコーチに就任したとき、周りの人は私のことを心配していた。最初は私自身への心配だと思っていたが、そうではなかった。

WJBLから来たこと、そして初めてのヘッドコーチに加え、アシスタントコーチの経験が3年と少なかったことから、「本当にお前に務まるのか？」という視線を向けられていた。

特にシーズンが始まって、常勝チームと対戦したときは、完全に相手から下に見られていると強く感じたものであった。

レバンガ北海道は東地区に所属しており、同地区には千葉ジェッツふなばし、宇都宮ブレックス、アルバルク東京という強豪チームが名を連ねていた。

そのような強豪チームに勝つのは容易なことではなかったが、印象的な試合がいくつかあった。

大阪エヴェッサと対戦した際、第4クォーターの残り5分の時点に20点差で負けていたが、その20点差をひっくり返して勝った試合があった。ジャワッド・ウィリアムズ選手がブザービーターを決めた試合だ。また、シーズン終盤にアルバルク東京を倒した試合もあった。

13

伸びしろしかないチームとの決別

2020-21シーズンは14勝45敗で終えたものの、私はチームに手応えを感じていた。次のシーズンに向けて、数名の即戦力となる補強を行えば「もっと強くなる」という、明確なビジョンが私にはあった。もちろん、チームには若いシューターもいたし、フロントはリクルートも一生懸命していたので、就任2年目になる2021-22シーズンは本当に自信があった。

ただ、シーズンが終了したあとに、レバンガ北海道のフロント陣から呼ばれた。「来シーズンは違うヘッドコーチで進めていく。本当に1シーズンありがとう」

忘れもしない、2021年5月11日、レバンガ北海道からの通達に目の前が真っ暗になった。

突然告げられた「解雇」

指導者たるもの、いつかは去るときが来るのは理解していたつもりだ。私は勝手に1年目は土台作りと考えていた。1シーズン、チームを指揮して状況を鑑《かんが》み、それに応じて獲得したい選手を相談し、来シーズンもレバンガ北海道のヘッドコーチとしてやっていくつもりだった。今思えば、私自身の過信だったのかもしれない

でも、時間は止められない。その頃、妻のお腹の中には息子がおり、この地を離れることになったら、どこで出産するかも悩むなど、ちゃんと結論が出せないまま数日が過ぎた。

両親も他界し、妻と兄以外に相談する人がいなかった。心が折れそうで、これまでの人生の中で最も辛《つら》い時期だったかもしれない。今でもそのときのことを考えると涙が出そうになる。

すぐに決断しなければ、家族を養えない。一秒一秒がとても速く感じた。

COLUMN

B2ファイナル〜長崎ヴェルカとの試合〜

2022－23シーズン、佐賀バルーナーズ対長崎ヴェルカのB2プレーオフファイナル。第2戦は最後まで接戦で、どちらが勝ってもおかしくない試合の展開。残り22秒まで、佐賀がたった1点リードしていた。

しかも、試合開始から約7分で、大黒柱のレイナルド・ガルシア選手が膝を怪我してしまい、試合に復帰できる状態ではなかった。

ファイナルは先手2勝のフォーマットなので、第3戦目になったら一発勝負になる形だ。第1戦目は佐賀バルーナーズが勝ったが、もし、第2戦目で長崎ヴェルカに負けたら、第3戦目はガルシア不在のまま戦うことになる。

何がなんでも、第2戦で決着をつけたいという思いがあった。

試合の最後、残り2〜3分は10分に感じた

試合には集中していたつもりだったが、最後の2〜3分はさまざまなことが頭によぎった。長い旅路は、平坦な道ではなく、どちらかというと、辛《つら》い旅の連続だった。でも、乗り越えられたのは私に、チームに、力を貸してくれた人たちのおかげだ。私一人では、絶対にここまで来れなかっただろう。だから、B2で優勝すれば今までサポート、支援してくれた方に少しでも恩返しになるだろうと思った。

スポンサーとファンはもちろん、佐賀バルーナーズのフロント陣、コーチと選手で、もぎ取った勝利になるだろう、と。

ブザーが鳴り響いた。89対85のスコアで、長崎ヴェルカに勝つことができ、最後の目標であるB2で優勝（※9）することができた。

まさか、佐賀バルーナーズHC就任2年目でB1に昇格を決め、しかもB2優勝できると思っていなかった。決して楽な道だったわけではないが……。

※9　B2優勝

準決勝で西宮ストークス（現・神戸ストークス）に勝利して、B1の昇格はすでに決まっていた。

3章

リーダーとしての決意

HC兼GMとしての役割、
そして、B1昇格への道

14

佐賀バルーナーズへの入団

次のクラブを探さなければならない――。

そのときが来て、私は知り合いに連絡をし始めた。同期だった千葉ジェッツふなばしの取締役である佐藤博紀氏（※10）にも連絡して、北海道から解雇されたことを告げた。

親身になってくれた佐藤さんは大分ヒートデビルズ（現・愛媛オレンジバイキングス）のチームメイトだった水町亮介氏に連絡をしてくれた。水町さんはその頃、佐賀バルーナーズのアカデミーコーチをしていた。そして幸運にも、佐賀バルーナーズはヘッドコーチを探している最中で、その候補を4、5人に絞った段階だと教えてくれた。

※10　佐藤博紀

千葉ジェッツふなばしの元選手で、同期でチームメイト。

オンラインミーティングで私の未来が決まった

その後、水町さんは私とクラブの社長を引き合わせ、オンラインミーティングをセッティングしてくれた。

私が考えるチーム作りは「連動性」と「佐賀スタイル」の構築、この2点を伝えたことは強く覚えている。

選手、スタッフ、クラブだけではなく、地域、もしくは佐賀県全体がひとつになるような存在にならなければ、目標は達成できない。私にヘッドコーチ（HC）のチャンスがいただけるならば、短期間で成果を出すためにもゼネラルマネジャー（GM）も兼任したい旨を伝えた。責任は2倍、3倍に膨れるけれど、GMも兼任すれば、選手獲得などに対してもスピーディーに動けるため、やりやすい部分のほうが多いと考えたからだ。

その直後、佐賀バルーナーズからHCとGMのオファーがきた。

どん底にいた私が、息を吹き返した瞬間だった。

人生を懸けてでも、佐賀バルーナーズを絶対に強くする。絶対に佐賀バルーナーズをB1に昇格させようと心に誓った。私を雇ってくれた佐賀バルーナーズには、結果で応《こた》えようと強く思った。

そして、そのきっかけを作ってくれた佐藤さんの顔を潰《つぶ》すわけにはいかない。

私はすぐに北海道から佐賀に引っ越しをした。

15 佐賀の第一印象

私は北海道生まれ。現役時代は日本中でプレーをしていたつもりであったが、佐賀という土地は、今まで縁がなかったところだ。

正式なオファーを受ける前に佐賀の地を訪れた。そのとき感じた第一印象は大きい街ではないけれど、自然に囲まれているため、私のように小さな子どもがいる家庭にはとても育てやすい環境だと感じた。

そして、何より人が温かった。

懇親会のため、佐賀バルーナーズのスタッフと食事に行った際、佐賀県のよさをいろいろ聞くことができたが、その話よりも驚いたのが、スタッフのキラキラした眼差しで、それが今でも印象に残っている。

この人たちと一緒に仕事がしたいと思った瞬間でもあった。チームからのオファーを二つ返事で受けたのは、もしかしたら、これが決め手だったのかもしれない。ここにバスケットボールの文化を作っていけるのではないかと直感した。

佐賀の街を車で案内された際、建設中のSAGAアリーナの横を通ってくれた。佐賀バルーナーズは2年以内にそこで試合をすることが決まっていると言われ、胸が躍った。

とはいえ、選手やスタッフのビジョンに対するアクションを初めとして、クラブの醸成にはまだまだ課題が多いことも感じたし、スタッフも選手も宇都宮ブレックスや千葉ジェッツふなばしのようになるまで引き上げていくには時間がかかるとも思った。

B2のレベルでは勝てるチームであったが、私が目指すのは、その上の上。その道程はかなり険しいものと即座に想像できた。

まずは、佐賀にバスケットボールの文化を根付かせるためにやることを整理した。

①B2優勝……勝つチームになること
②県民との距離を縮める……選手が地域貢献を精力的に行うこと
③スタッフの意識を高めること……チームのスタッフであることを誇らしく思える環境づくり

①については私の責任でもあり、チームを指揮する私には当然の任務といえる。

②については千葉ジェッツの島田さんを見習い、地域貢献に関して積極的にPRしていくということ。

③に関してはこれからB1で戦っていくチームのスタッフとして、自分たちのチームがどうあるべきか、自らの想像力を養い、考え、発信・行動できるようになることを求めていきたい、と考えた。

16

佐賀バルーナーズ存続の危機

佐賀バルーナーズに着任する直前に、新社長として田畠寿太郎氏が就任した。新社長へと替わったのは、財政面などの影響からクラブ存続の危機を迎えていたからだそうだ。

しかし、これまで頑張ってきたスタッフと選手が残っているのに、簡単に諦めることはできない——。田畠寿太郎氏と前の社長である久野真也氏は、クラブの再建のため、奔走《ほんそう》したと聞いた。

私が就任した1年目はクラブに莫大な借金が残っていた。私はそのような状況を、当時「社内の空気感」でうっすらと感じていた。

でも、私はその部分には一切触れなかった。私の仕事は、魅力あるチームを作り、試合で勝つことがすべて。なので、経営については社長に任せていた。というか、信じていた。

絶対に田畠社長ならば再建してくれると確信していた。

二人の負け犬の逆襲が始まった

田畠社長はいわゆる、昔の社長のようなタイプではない。誰と接するにも同じ目線で、チームにとってプラスの出来事は周りのおかげと思い、失敗はすべて自分のせいだと考える人。さらに社長と思えないほど、思いついたら即行動できる人なのだ。

来月の給与の支払いさえ危ぶまれるほどの財政面危機の中、田畠社長は一人で支援を求めて走り回った。その尽力がなければ、崖っぷちからクラブが立ち上がることは不可能だっただろう。

田畠社長は佐賀の街中の商店街生まれ。いつも二人兄弟の優《すぐ》れたお兄さんと比べられていたそうだ。そしてお兄さんは当然のように両親のお店を引き継いで成功させていることもあり、自分も、佐賀バルーナーズで成功するんだという反骨の精神を持ったのではないだろうか。

何となく私とも境遇が似ていた。私もレバンガ北海道から解雇という形になり、ここから奮起しなければならない境遇だった。

二人は〝負け犬の逆襲〟として、佐賀バルーナーズを必ず上昇させるんだという使命を感じていた。

2022年に久野社長は退任し、その後、私と田畠社長の2人体制になった。今思うと、田畠社長との出会いは運命だったかもしれないとさえ思う。

B2優勝の瞬間、私は真っ先に社長の姿を探した。ともに涙した瞬間は一生忘れられない。

17 佐賀バルーナーズでHCスタート

佐賀でのバスケットボール生活が始動した。2021年、佐賀バルーナーズはB2リーグに所属していた。

当時のB2は東地区に7チーム、西地区に7チームがあり、各地区上位3チームとワイルドカードとして両地区合わせた勝率上位2チームがプレイオフトーナメントに進み、優勝、準優勝の2チームがB1に昇格するシステムだった。

目指すはB1リーグ。そのためにはB2で準優勝以上が必須だ。

私は計画を立てた。

1年目で土台を作り、2年目でB1昇格の勝負をする。

しかし、2年目で契約が延長にされるのか、他のHCにバトンタッチされるのではないか――。レバンガ北海道での経験が、ふと頭をよぎった。しかし、歩みを止めるわけはいかない。正直「解雇」という言葉は常にどこかにあるが、それは当然のこと。でも、前に進むしかない。

選手の目がキラキラと、前を見据えていた

チームに合流すると、そこには活気があった。

井上諒汰選手、徳川慎之介選手、山本郁也選手、中西佑介選手が中心となり、声を出して牽引していた。芯のある選手たちがいることに、ホッとしたことを覚えている。彼らは地域リーグ（※11）から頑張っていたメンバーなので、ハングリー精神も旺盛で、戦術などの話も真剣に聞いてくれた。

外国人枠としては、ポイントガードのレイナルド・ガルシア選手がいた。ひと目、プレーを見た瞬間に思った。

面白い選手だな。

おまけに性格もよく、真面目で、プレーも抜群。スター選手になると最初か

※11　地域リーグ

B.LEAGUEの下部リーグ。2024-25シーズンからはSB-2リーグとして開催される予定。

ら感じていた。

就任した1年目のシーズンが始まり、このチームはB1でも十分に通用すると感じた。

ひょっとしたら、1年目で昇格できるチャンスがあるかもと思っていたほどだ。私が佐賀のヘッドコーチに就任する際、ちょうど4人の日本人選手の枠があり、補強ポイントを明確にして進めた。

18

初めてのロスター

私にはこだわりがある。

それはプロチームである以上、観戦して「面白い」といわれるチームを作りたいということだ。

そのこだわりのひとつが、3枠しかない外国籍の選手の1枠をポイントガードで使うことである。多くのチームはインサイドに外国籍枠をすべて使うが、私の考えは違う。バスケットボールはポイントガードが最も重要であると考え、このスタイルで勝つことを実証するのが今の私のスタイルである。

これまでもこれからも、「それではできない」という周囲の評価を覆《くつがえ》す闘争心が私のエネルギーになっている。

その上で、空いたロスター（※12）はどうするべきか時間をかけて考えた。最初から試合に通じるメンバーを獲得すると決めていた。そこで、左記のメンバーを獲得した。

①西宮ストークスから岸田篤生選手。
②レバンガ北海道で一緒に戦ったファイ・パプ月瑠選手。
③大阪エヴェッサにいた駒水大雅ジャック選手。

この3人に佐賀バルーナーズのチーム方針を伝え、リーダーシップを発揮してもらおうと考えた。

「B1へ行く」という目標を明確にしてメンバーに共有し、模範的な行動をとってもらうことで他のメンバーにもよい影響を与えると思ったからだ。

皆、優れた実力を持った選手だった。このメンバーならば優勝もあり得ると本気で思った。

※12　ロスター
チームのメンバーとして登録できる選手のこと。B.LEAGUEでは13人で、それ以外に外国籍選手3人以下、帰化アジア枠などがある（2024年現在）。

そして、もうひとり。茨城ロボッツにいた西川貴之選手が自由契約になったので、11月に獲得することができたのだ。

西川選手は寡黙な選手だが、人を惹《ひ》きつける魅力がある。日本代表にも名を連ねる経験の持ち主で、レバンガ北海道でも選手としてともにプレーした経験があったので、お互いがお互いのことをよく知っている、ということもチームにとってプラスになるだろうと考えていた。

さらに、特別指定選手として佐賀出身の角田太輝選手を獲得することができた。彼は後《のち》に、佐賀のバスケット界を背負い、日本を代表する選手へと成長することだろう。

外国人選手はレイナルド・ガルシア選手をはじめ、新たにイギリス代表のマイルズ・ヘソン選手、ギャレット・スタッツ選手の3名で戦うことにした。

ギャレットはシーズンの途中に怪我をしたため、大阪エヴェッサのペリー・エリス選手を2022年1月にレンタル移籍の形で獲得した。

敗戦によって芽生えた新たなる目標

長いレギュラーシーズンを終え、5月に行われた「B2プレーオフ」に進出することができたが、プレーオフ1回戦の相手、香川ファイブアローズにストレート負けをしてしまった。

シーズン終盤にチームができあがり、このままいけば、B1昇格に手が届くと思い始めていた。チームはさらに強くなると思っていたが、香川にあっさり負けてしまったのだ。

これに関しては、私の力不足としか言いようがないが、香川に負けた2試合ともアウェーだったということも、大きな理由だった。

その時、私は強く思った。ホームコートアドバンテージが欲しい。

よく、「ホームとアウェーなんて、関係ないんじゃないの?」という人もいるがこれはまったく違う。数字では表せないアドバンテージがホームコートにはたくさんあるのだ。

翌シーズンの目標のひとつに、「絶対にホームでプレーオフを行うこと」が加わった。

香川に2敗し、昇格の道が断たれたとき、レイナルド・ガルシア選手が私に声をかけてきた。

「コーチ、勝たせられなくて申し訳ない。すべて俺の責任だ」

本当に素晴らしい選手に巡り会うことができた。同時に彼とともに昇格することに意味があると強く感じた瞬間だった。

4章

B1昇格までのプロセス

佐賀バルーナーズは
組織ではなく、ファミリー

19

チームのターニングポイント

2022－23シーズンが始まった。今年は絶対にB1昇格しかないと背水の陣で挑《いど》んだ。

優勝するためにどんな人材が今、必要なのか、まずはこのチームに足りない要素、そして必要な力を明確にしようと思った。

具体的なスキルや資質を必要な経験や能力を明確に把握することで、ポジションにマッチする選手を見つけやすくなる。

そこで私が出した答えは、プレーオフの経験がある選手を集めることだった。そういった選手がいれば、スタッフ含め、選手の意識も変わるからだ。そこで、左記の選手を獲得した。

①宇都宮ブレックスでB1リーグを優勝に導いたチェイス・フィーラー選手。
②B1プレーオフの経験がある琉球ゴールデンキングスにいた満原優樹選手。
③B3・B2、昔のNBLで優勝経験のある島根スサノマジックの山下泰弘選手。

どのような分野にもいえるが、バスケットのスキルも年々進化している。3人はプレーオフの出場経験や優勝経験があるだけではなく、常に貪欲《どんよく》に自らのスキルを磨き、アップデートしている。さらに、得たスキルは留めておかず、チームの中で共有できて、うまく循環させる人間だと評価していた。チームにとって、この3選手の存在は必要だった。

3人のようなベテラン選手が来てくれたのは、チームにとってはとても大きな意味を持つ。チームのターニングポイントといってもいいだろう。

20

レジー式コーチングスタイル

私は選手として経験を積んだあと、「将来、どんなHCやGMになろうか」とアウトプットをしたことがある。その中でもっとも理想のイメージに近かったのが、千葉ジェッツ在籍時にヘッドコーチをしていたレジー・ゲーリー氏（※13）だった。

彼は決して器用ではなかったし、多くのことをやらないスタイルのコーチだった。練習メニューも、ルーティンも、ワンシーズンを通して、ほとんど変えようとしない、信念が強い人だった。

例えば、土・日に試合があった場合、月曜日の休みを経《へ》て、火曜日にチーム全員で先週の試合の模様をビデオでフルに見て、細かく説明をする。そして、そ

※13　レジー・ゲーリー

元NBA選手。2013年7月、千葉ジェッツのヘッドコーチに就任し、2015年に退任。

の後に練習を始めるスタイルであった。

レジーさんからは「徹底すること」の重要性を教わった。ともすれば、もっと効率的なことを考えがちだが、「やると決めたことをやり通すことが大事」というのがレジー式だ。

目先の勝ちではなく、先に基本を習得するほうが長期的に見て近道となることが多い。そのレジー式コーチングスタイルに感銘を受けた。


マイケル・ジョーダンも、こんな言葉を残している。

「一瞬でも基本を忘れたら、根本から崩れさってしまう。スポーツにおける正しい技術、会社における倫理、心構えといった基本を忘れたら、試合に勝てないし、会社や学校で成績をあげることもできない」

レジーさんも同じことを体現していたのだ。

21

BT式コーチングスタイル

WJBLの富士通レッドウェーブのヘッドコーチのBTテーブス氏も尊敬するべきヘッドコーチの一人だ。

彼と2017－18シーズンにB.LEAGUEの富山グラウジーズで一緒になったおかげで、いろいろなことを学ぶことができたと感じている。

女子バスケ界は男子と違って、三部練習がある。女子を指導する時は細部まで丁寧に説明することで効果的な練習が実現する。この細かな指導法を、BTさんから教わった。

BTさんはまず、目標設定が明確だった。いきなり高すぎる目標を設定すると選手はびっくりするかもしれないが、容易に達成できる目標では、大きな成長は期待できない。

今の能力を100としたとき、120の力を発揮して達成できるレベルに設定していた。そのために日頃から選手をよく観察し、今の力量や可能性、意欲を把握していたように思う。

また、BTさんは女子選手を指導する際心配りができるコーチであった。選手の人格や能力を否定するようなアプローチは決してせず、どのようなプレーに対してヒートアップしているか、何が基準なのかを明確に示していた。また、プレーの結果だけではなく、選手の個々の意図やプロセスにも目を向けていた。

レジー・ゲーリー氏のコーチングスタイルとは真逆ともいえるが、自分にとって貴重な学びとなり、アシスタントコーチとして彼の下で経験できたのは、今の私の財産になっている。

男子のバスケ界とは異なる、女子選手とのコミュニケーションから気遣いまで理解できた。その経験をできて本当によかったと思う。

22

レバンガ北海道で学んだこと

札幌出身の私にとって、地元のクラブのヘッドコーチになることは夢のような話だ。だからレバンガ北海道には、選手時代から強いシンパシーを感じていた。

ただ、私がＨＣに就任して、すぐに逆風が吹いていると感じた。

私に対しての不満の声が噴出していたからだ。

それは私の耳にも届いていた。

今振り返ると、選手とスタッフが同じビジョンを描いてなかったと思う。その要因は私がさまざまな意見を聞き過ぎて、すべてを受け入れようとしたことがよくなかったのかもしれない。

当時はいろいろな意見を吸収して、うまくやろうと考えていた。「これだけやります」と貫《つらぬ》くべきだったのだと今さらながらつくづく思うし、後悔が残る。

だからこそ、今はターゲットを明確に、シンプルにやろうとしている。皆、同じ方向に向かっていくために。皆が皆、同じ方向に進むのは、なかなか難しいものだ。

たとえ、知識があったとしても、経験を積み重ねたことによる引き出しがあったとしても、こちらの声が届いていなければ組織はまとまらない。

答えはシンプルでいい。

その声を社員・スタッフに届けて、そこに向かって進んでいくことがどれぐらい大事なことか、私は後々《のちのち》理解することになったと思う。

私にとってレバンガ北海道での挫折のダメージが、すっかり消え去ったかというと嘘になる。今でも苦々しく、辛い記憶として胸に残っているのが正直なところだ。ただ、そうした挫折から学びを得たことのほうが大きいのも事実だ。

このような経験をしたから、今の自分がある。すべてつながっているのだ。

23

チームのビジョンの実現を目指す

HCとして、もちろん、シュートが打てる選手を獲得したい気持ちもあるが、その時のチームの状況やニーズによって欲しいと思う選手が違ってくるものだ。私の経験では、チームの社長とGM、ヘッドコーチがひとつのビジョンを選手やスタッフに示すことが大事だと思っている。

そのビジョンに向かって突き進むしかない。

「あれはヘッドコーチが勝手に決めただけでしょ？」

「社長が言ってるだけだよ」

このような、言い分ばかりではチームのビジョンが成り立たない。

たとえ、私が決めたビジョンだとしても、「自分たちが決めたことだよね」と各個人が自分のものとなるような、共通のビジョンを示さなければならない。

佐賀バルーナーズに来たときは、選手・スタッフ全員が「B1に昇格する」という明確な目標があった。そのため、ある意味、ビジョンがはっきりしていた。では、B1昇格を達成した今、次のビジョンを田畠社長と私はどのように設定すべきか。まず、私はレジー・ゲーリー氏のやり方に絞ってやり切ることにした。

答えは「やるか、やらないか？」

私は試合中、基本的に否定も肯定もしない。

タイムアウトでも「Let's go!」と伝えることを意識している。まずは選手に今のタイミングで何をするべきが考えてほしいからだ。一緒に戦おうという気持ちで、チームを引っ張りたい。

もちろん、チームとして次はこの方法をやろうとは言うが、「これはダメ、それをするな！」と細かな部分のプレーについては一切言わないし、言うつもりもない。あとは、「やるか？　やらないか？」、それだけだ。

選手が状況判断に迷うようなことがあれば、それはＨＣが明確に伝えきれていない証拠だ。引き出しを準備し、選手自身が自分の判断で最善の答えを導き出すことこそが、コーチングであり、私の仕事だ。

具体的に話すと、「ピック・アンド・ロール」（※14）はバスケットボールの基本的なプレーで、どのチームも行っているが、それに対する守り方はさまざまだ。これまで様々な場面で試行錯誤しながら実践してきたピック・アンド・ロールのディフェンスを佐賀で実践することにした。

レバンガ北海道では違うスタイルで行っていたが、佐賀バルーナーズにはレイナルド選手がいたからトラップを仕掛けられる。そのトラップの延長線で、スイッチが多くなったときに効果的な守備が可能になるのだ。

※14　ピック・アンド・ロール

ボールマンに対してスクリーンを作り、アウトサイドから2対2を行う戦術。

佐賀に来た1年目はトラップだけ仕掛けていた。

2年目からは、ピックアンドロールを完全にスイッチして、その後、ローテーションを試していた。

ディフェンスのスタイルがフィットしたので、B1に上がってからも同じディフェンスシステムを使うことにした。そのシステムで行ったら、B2での失点がリーグ1位（最小）になった。

今は、選手が自信を持って、ディフェンスができていると感じている。

B2では結果が出た、このディフェンスシステムは、B1でも通用している。選手にとっても大きな自信になっていると思う。

佐賀バルーナーズが名実ともに「ディフェンスチーム」になったのもこのときからだ。

24

島田慎二氏を師と仰ぐわけ

私が選手として千葉ジェッツに移籍した2013年に、島田慎二氏が千葉ジェッツの社長に就任した。彼の仕事は非常に斬新だった。

「チームを改革しよう」という目標を掲げ、スポンサーに会いに行くときは、「トップにいる企業チームを倒そう。その夢、一緒に叶えませんか？」とあちこちを回っては口説《くど》いていた。

選手たちにも「絶対、企業チームを倒せるよ」と、常に同じことを言っていた。

そのためには「まず地域貢献をしないと」と数え切れないぐらいの回数のイベントに参加した。小学校を回ったり、駅前でビラを配ったりもした。

イベントに参加する前に、島田さんはチームのフロント、スタッフ、選手を

全員集めて、

「今日、プロとしてバスケをできるのは当たり前じゃないぞ」とみんなに発破《はっぱ》をかけ、資金の回り方や、「君たちの給料はこうやって払われている」といった経営の側面に至るまで細かく教えてくれた。教えてくれたというよりかは、選手の意識を変えようという姿勢が伝わってきた。

そこから選手たちは意識も変わり、地域貢献活動を真剣に行うようになっていった。

島田さんのような、GMを目指したい

島田さんは設立されたばかりの千葉ジェッツのブランドを地域で認知されるために、躍起になっていた。

このように道を示してくれた島田さんの行動や考え方は、私にとって大きな影響となったし、結果として、千葉ジェッツは彼の強いリーダーシップによって、一気に強くなったと思う。2013－14シーズンからNBL（※15）で

※15　NBL
日本バスケットボール協会が中心となって、2013-14シーズンから発足させた新リーグのナショナル・バスケットボール・リーグ

2年連続プレーオフに進出、B.LEAGUEとなった2016年からは天皇杯連覇やB.LEAGUEチャンピオンなど、常勝集団として君臨している。

なによりトップが目標をきちんと定めていたのが大きかった。

「プレーオフに出るぞ」ではなくて、「トップにいる企業チームを一緒に倒そう」と具体的な目標を掲げていたことが重要だった。

現在も千葉ジェッツふなばしはB.LEAGUEトップ5に毎年入るクラブになっている。

島田さんの行動は私の中でずっと生き続けていた。私も佐賀に来たときに同じようなことをしたいと心底思った。

ただ、私は島田さんではない。彼の考え方をベースに自分らしさも出さないといけない。

佐賀バルーナーズを独自のビッグクラブにするために社員にも、選手にも目標を具体的に示し、道をちゃんと具現化すること。

私の大きなミッションが始まった。

25 島田慎二氏から教わったこと

佐賀に来たときは、専用の練習場もなく、社員も数人だった。今まで所属していたB1のクラブと比べたら雲泥の差だった。

でも、それがハンデとは思わなかった。

逆にチームも運営も這《は》い上がっていけばいいことだし、まっさらな画用紙に自由に描き進めるように、自分たちで新たな文化を作っていこうという気持ちでいた。

千葉ジェッツの社長だった島田慎二氏は特に地域貢献に力を入れていて、その当時は、チラシ配りや朝の挨拶運動は当たり前にやっていたことだった。

だから、佐賀でも率先《そっせん》してやりたいと思っていた。

地道な行動かもしれないが、島田さんなりのポリシーだったし、その姿を間近に見て学んでいたので、佐賀でも同じことをやろうと決めていた。

田畠寿太郎社長とも常に会話をし、どんどんやっていこうと決めていた。

千葉ジェッツに所属していた2年半が、自分にとって大きな財産になっている。

地道な貢献こそが佐賀を大きくする

赤字だった千葉ジェッツを2015－16シーズンでは日本のバスケットボールクラブで初めて、シーズン観客数10万人突破を達成させるなど、島田さんがすべてを変えた。

島田さんが整備して、足りない人材を呼んで変えていったのだ。

そもそも佐賀にはそのような文化がなかった。だから、チームがここに根付くためには、さまざまなイベントに参加し、チームを認知してもらうしかないと思っていた。田畠社長も地域貢献に対してとても前向きだった。

私は、B.LEAGUEにおいても、佐賀の地域貢献においても、佐賀バルーナーズを第二の千葉ジェッツのような存在にできると感じた。

まだまだ、スタッフも少ないし、不慣れなところもあるが、ファンを増やし、会場に足を運んでもらうためには、チームの強化とともに、佐賀のスポーツ文化を根付かせることが使命だと思った。

いつしか私は、選手を、スタッフを、そして田畠社長を、眩《まばゆ》いスポットライトが当たるコートの上に連れていきたいと思った。

26

地域貢献の本当の意味

私は千葉ジェッツ時代の島田さんの背中を見てきていたため、少しでも地域のために貢献できることやボランティアは行うべきだと思っている。田畠社長も、地域貢献は当然すべきことだという点で意見が一致した。そのためには私たち2人が先頭に立って旗を振る必要がある。またそうしながらも、スタッフに対して意思決定を伝えるだけではなく、スタッフのアイデアを取り入れ、風通しのいい企業を作ることも不可欠と思っていた。

私たちが佐賀でバスケットができることは当たり前ではない。佐賀のみなさまのおかげで、成り立っているのだ。

その恩返しとして、小学校やクラブの子どもたちにバスケットを教えるクリニック（※16）などをして、少しでもお返しをしていきたいと思っている。なぜならば、地域貢献が回り回って、会社のためになるからだ。

文字にすると打算的に聞こえるかもしれないが、千葉ジェッツふなばしも地域貢献を行い、チームに好循環を生み出した。

具体的には佐賀市で選手が毎週、バスケットボールを教える以外に、佐賀市の夏祭りに参加したり、街でトークショーをやったり、ビラ配りをしてファンと交流できる場を広げている。その場が、ブースター（※17）や佐賀の県民の「生の声」を聞けるいいきっかけになる。

2021年には、大きな台風によって武雄市の病院が浸水してしまった。その際には瓦礫《がれき》の撤去の手伝いもした。チームとして地域に貢献できているかどうかわからないが、考えるよりも、まずはやってみることを優先したいと思っている。

※16　バスケットを教えるクリニック
バスケットボールの普及・振興や競技力向上を目指し、バスケットボールの楽しさをプロが直接伝える活動。

※17　ブースター
後押しする人、後援者の意味で、バスケットボールチームの熱狂的ファン。

それが、スタッフも選手も、佐賀バルーナーズに在籍していることの誇りになればいいと思う。

佐賀バルーナーズが県民のみなさまに自慢のチームになるためには、まずやるべきことは、県民の方々と対話することだと思う。

社会人、バスケットボール選手を目指す子どもたちと、いろいろな課題について話し合うことでチームのあり方も変わってくる。

佐賀バルーナーズの企業価値が向上するためには、地域貢献をしながら、コミュニケーションの場を作ることが大事なのだ。

私たちは企業価値をもっと高めたい。そして佐賀という地域に佐賀バルーナーズが寄り添っていることを広めたい。

選手も社員も関係ない。全員で頑張ろうと、すでにスタートを切っている。

27 SAGAアリーナ使用への直談判

SAGAアリーナは、2023年5月13日にオープン予定となっていた。SAGAアリーナの観客席は九州最大級の規模を誇る約8400席。佐賀バルーナーズのホームコートのほか、さまざまな大型イベントを開催できる多目的アリーナである。

他のB.LEAGUEのチームに引けを取らないほど、素晴らしいこのSAGAアリーナで、佐賀バルーナーズの選手が躍動する姿、そして多くのブースターがそのプレーに熱狂する姿を私は想像していた。しかも、B1という日本最高峰のバスケのリーグで。

山口祥義佐賀県知事と坂井英隆佐賀市長はＳＡＧＡアリーナのお披露目を成功させる必要があったが、その前に私たちは佐賀バルーナーズをＢ１へと導かなければならないという重要なタスクを背負っていた。

坂井市長は学生時代バスケットボールをやっていて、バスケットのことをよく理解していた。

山口県知事と坂井市長、そして田畠社長と私の４人がタッグを組んで、ＳＡＧＡアリーナがオープンするタイミングにＢ１に上がろうというプランを組んでいた。

Ｂ２プレーオフをオープン前のＳＡＧＡアリーナで

私と田畠社長は山口祥義県知事に５月６日に行われるＢ２プレーオフ１回戦をＳＡＧＡアリーナで実施できないか相談した。

しかし、答えは「ノー」だった。

考えてみれば、当然だ。佐賀のシンボルとなるＳＡＧＡアリーナを、簡単にオープン前に借りられるわけはない。

2月に田畠社長がお願いしに行った時は、門前払いだった。佐賀県スポーツ局長の宮原耕史氏に会って事情を説明したが無理だった。

しかし、あきらめるわけにはいかない。私たちの何度もの陳情により、山口県知事とスポーツ局長の宮原氏は何度もミーティングを重ねたそうで、ついに英断をいただくことができた。

嬉しかったというより、「ほっとした」の一言だった。

なぜなら、私はこのチャンスを逃したら、昇格は実現しないとまで強く感じていたからだ。どうしてもホームでプレーオフを開催したかった。SAGAアリーナで、佐賀の人々のために私たちのプレーを見てほしい。そしてB2の頂《いただき》をみんなで見たかった。

さあ、準備は整った。

28

B2西地区1位にならないとならない

会場使用の問題は解決したものの、SAGAアリーナで開催するには大きな問題があった。

2022―23シーズンのB2西地区を勝率1位で終わらないとプレーオフ1回戦からホームで開催できないからだ。もし、2位でレギュラーシーズンが終わった場合、アウェーでプレーすることになるので、今までの苦労が水の泡となる。

2月の時点では、西地区1位だったが、その頃、怪我人が急に増えると同時に、西地区2位だった長崎ヴェルカが調子を上げていた。

どうしたら、レギュラーシーズン西地区1位で抜けられるか、逆算をしていた。1カ月後のチームの理想像と、さまざまなアクシデントを想定し、事前にそれらへの対処方法の検討を重ねた。怪我人の回復状況、選手たちのコンディション、ライバルチームの状況など、さまざまな要因に対する対処法を常にキャッチアップしていたため、さすがに心身は疲弊していた。

B1昇格という大命題とSAGAアリーナのこけら落としの試合に向けた万全の調整、いくつものプレッシャーを感じていた。

なんとか、西地区1位でプレーオフへ

選手やスタッフの頑張りもあって、どうにか西地区1位でレギュラーシーズンを終えることができた。ホッとするとともに、2年間の疲れが一気に押し寄せた。

プレーオフ1回戦は東地区4位の「福島ファイヤーボンズ」。福島はインサイドが強いチームで、グレゴリー・エチェニケ選手と現在、佐賀バルーナーズ在籍のジョシュ・ハレルソン選手が中心のチームだった。

私がチームに強調していったことは、たったふたつだけ。

①インサイドのゲームをやらせない。

②走ること。

第1戦目は5月6日、SAGAアリーナのこけら落としの日。初めてのコートで選手も緊張していた。ミスも多かったし、シュートも入らなかった。

1試合目が3ポイントの成功率が7／29本で、74対56で勝利した。2試合目も3ポイントが9／26本で、74対63で2戦連勝したからいいものの、試合内容は散々だった。

チームが本調子ではなくても勝ち進めたのは、ホームコートアドバンテージが効いたからだと思う。

29

私が佐賀に来た意味

2023年5月13、14日、B2プレーオフ準決勝で西宮ストークス（現・神戸ストークス）にストレートで連勝し、B1の昇格が決まった。

「ついに成し遂げた！」

普段、私は感情を表に出すタイプではないが、自然に涙が出てきた。もっとも感動したのは、水色のTシャツを着た佐賀バルーナーズのブースターのみなさんが泣いていたことだった。今までの苦労はこの一瞬のためにあったのではと思うほど、本当に美しい光景だった。

私が就任した当初、収容人数2000人強のSAGAプラザが佐賀バルーナーズのホーム会場だった。時に諸富文化体育館も使っていたが、そこでは平均400～500人のお客さんの前で試合をしていた。

今考えると、決して大きいとは言えない体育館だった。そんな2年前の風景が走馬灯のように蘇ってきた。

誰が2年後にこの光景を想像していただろう

私さえも、満員のSAGAアリーナで水色のTシャツを着たファンが、一丸となってB1昇格を目指し、感動の涙を流している姿が2年後に待っていると は想像もできなかった。

選手もみな、泣いていた。

試合のブザーが鳴った瞬間、私は田畠社長を探した。田畠社長はプレーオフが始まる前に、「もし負けたら、夜逃げしましょう」と笑いながら話していた。田畠社長も緊張で眠れない日々を過ごしていたに違いない。

自然と抱き合い、2人で男泣きをしてしまった。

私と田畠さんの、〝負け犬の逆襲〟が結実した瞬間であった。昇格を決めたときの田畠社長の嬉しそうな表情を見た瞬間、言葉にならなかった。あの瞬間は一生、忘れないと思う。

山口県知事も満面の笑顔で迎えてくれた。胸がいっぱいになった。

その夜、興奮していて眠れないと思ったが、今までの疲れが一気に押し寄せ、翌週に控えたファイナル、長崎ヴェルカ戦のことを考えながら、自然と眠りについていた。

30

長崎ヴェルカとのB2ファイナル

2022−23シーズンのB2の決勝は、すでに両チームともにB1昇格を決めた長崎ヴェルカだった。

ほんの少し前まで、誰が九州の地でB.LEAGUEの試合が見られると思っただろう。よく「因縁の対決」と言われるが、私はよきライバルだと思っているし、切磋琢磨して「B.LEAGUEでお互い勝っていこう」という気持ちでいっぱいだった。

B2決勝戦の長崎ヴェルカとの対戦前、私はプレーオフに入ってチーム内の調子が上がっているのはわかっていた。しかし、準決勝もストレートで勝ち、B1昇格を決め、決勝戦に向けての選手たちのモチベーションが気になった。

勝っても負けてもどっちでもいいと思う選手もいるのではないかと思ったけれど、対長崎ヴェルカの練習をしていたときに、みんなすごく集中していた。

B2ファイナルの長崎ヴェルカ戦だからといって、特別な練習はしなかった。普段通りのルーティンを守り、怪我のリスクもあったが対人の練習もした。変に調整して、リズムを崩すほうが嫌だったので、何も変えなかった。

選手たちは勝つ気満々だった。

これを見て、かえってこちらのスイッチが入った。決勝で勝って、優勝しないといけないと思った。

COLUMN

佐賀バルーナーズは私の分身

2021年に私が佐賀に来た当初、通りすがりの人さえも、「佐賀は無理だよ」と言っていた。ヘッドコーチのルイス・ギル氏が佐賀を去ったとき、メインの選手も何人か抜けた。完全にマイナスからのスタートだった。佐賀は地元の人にまで完全にナメられていて悔しかった。

でも、この2年で、佐賀バルーナーズと私に対する見方も変わったと実感している。今、B1で結果が残せているのは、「無理でしょ」という声への「覚えとけよ!」という思いがモチベーションになっているのかもしれない。

B2の優勝とB1の昇格が決まった1カ月後にあったB.LEAGUEのコーチングライセンスの研修会でも、それまで話したことのない他クラブの方々から、「おめでとう!」とか「すごかったね」と声をかけられた。とても嬉しかった。それまでの研修会では「今、どうしているの?」「女子を教えているんだよね?」という質問がほとんどだった。

昇格を決めたあとは、他のコーチの私に対する接し方が変わってきたように思う。確かに私が着任した当時の佐賀バルーナーズのバスケットボールの土台は不安定だった。だから、佐賀バルーナーズのHCとGMをやると決断したとき、一番に着手したのはその土台をしっかり固めることだった。

ただ、B1への昇格は通過点に過ぎない。

次の目標はB1で戦って、プレーオフに出ること、そして優勝を目指すことだ。加えて、日本代表選手がここ佐賀から選ばれるようにチームと個を成長させることが私の使命だ。

5章

B1リーグを勝ち抜くために

組織として、
必要な人材とは?

31

山口祥義県知事の激励

山口祥義県知事にお会いしたのは、佐賀バルーナーズのGM兼ヘッドコーチに就任した直後だった。

第一印象はエネルギーに満《み》ち溢《あふ》れている方。お世辞ではなく、こういう人が県知事でいることは頼もしいと感じた。最初から、「佐賀バルーナーズ」を応援してくれた。当初は、多忙な方なので言葉だけの支援に終わるだろうと思っていたが、本当にさまざまなサポートをしてくれた。

オーストラリアのシドニーにあるムーアパークがひとつのモデルになっているという、立派なSAGAアリーナができたのは山口県知事の功績によるところが大きく、彼がいなかったら間違いなく今の佐賀バルーナーズは存在しなかったろう。2023年5月のこけら落としから半年間で来場者数は約26万人を超えたSAGAアリーナ。

今まではスポーツ観戦というと「楽しむよりも応援」というイメージがあったが、欧米のアリーナやスタジアムでは、試合の2時間以上前から観客が飲食をしながら盛り上がっている。その文化をSAGAアリーナに作りたかったと、山口県知事は語る。

「信じてるよ」のひとことにチームは奮起した

佐賀バルーナーズのヘッドコーチになってからB1昇格まで、山口県知事に会うたびに「信じているよ」とひとこと、声をかけてくれた。

負けても、勝っても言ってくれた。

恩返ししたいという意味もあった。現在も山口県知事からは佐賀バルーナーズに多大なサポートをいただいており、感謝の念に堪《た》えない。

32

リーダーシップを取る前に

私は佐賀バルーナーズでヘッドコーチとGMを兼務している。ヘッドコーチとは、試合や練習など主にコート内での意思決定に責任を持つ。つまり、試合の勝敗に責任を持つ役職だ。一方、GMはクラブチームの経営や経営企画に関して決定権を持つ。クラブの方向性やビジョンを決め、その大きな目標に向けてどんな組織でいるかという、クラブ内での意思の統一を明確化させるのが主な役割である。また、シーズンにおいて選手・スタッフの評価を行い、選手の獲得や交渉も行っている。

その両方を兼務するということは、大きな責任を背負うとともに、絶大なる権力も保持していることになる。

真のリーダーシップとは、資質ではなく具体的な行動で発揮できるものだと思っている。だから、試合で勝っていない状況では、私の言葉は空虚となり、スタッフの信頼を得るのは当然不可能となる。

私が演出のことなど、フロントの社員に、「これはダメ、あれもダメ」と言っても何も響かないだろう。SAGAアリーナでの試合で大きな成果を出すには、私だけでなくチームで仕事をすることが必要不可欠なのは言うまでもない。

人を巻き込んで仕事をする姿勢を持つべき

周りの協力を得るには、円滑な人間関係を築いておく必要もある。「なんで、こんな人がそんなことを言うんだ?」と思われてしまったら、何もうまく進まない。私が最大限努力する姿勢を示し、みんなで一緒に成功させよう、という人を巻き込むやり方のほうが断然いい。

そのためには日頃から周囲の人々とコミュニケーションを取り、自分自身もスタッフへの協力を惜しまないようにしているつもりだ。

以前、所属していた栃木ブレックス（現・宇都宮ブレックス）と千葉ジェッツ（現・千葉ジェッツふなばし）での経験から、佐賀バルーナーズの演出やイベントにはまだ改善の余地があると感じている。

しかし、単にそれらのクラブの方法を真似するだけでなく、私たちの現状を踏まえて独自の進化を遂げるべきだ。

行動することは重要だが、模倣を繰り返すのではなく、行動の結果を振り返り、目標達成に何が足りないのかをチーム全体で考える時間を設けるべきだ。ひとつの考えに固執せず、新しい視点や意見を積極的に取り入れることで、課題がひとつずつクリアになってくる。

それでいいのだと思う。そのためには、まず私たちがチームとして勝利を重ね、「一緒にもっとよいものを作り上げよう」という雰囲気を醸成していく必要があると感じている。

33

僕らはワンチーム

試合に出られるのは5人しかいない。しかし、佐賀バルーナーズのロスターは13人。さらにその周りにはフロントを含め、多くのスタッフが在籍している。

僕らはワンチームだ。

「ワンチーム」は2019年のラグビー日本代表チームがスローガンとして掲げた用語ではあるが、バスケットボールにも通用すると思っている。

単独プレーでゴールを決められる人がチームにいても、チームの勝利に結びつくとは限らない。自己完結型のプレイヤーは我々のチームにはフィットしないと考えている。

私はメンバーの一人ひとりの存在や価値を認めたうえで、互いに助け合える深い信頼関係を定着させたいと思っている。

そのためにチームの目標達成に向けたビジョンを示し、それぞれの個性を活かしながら、佐賀バルーナーズとしての一体感を醸成することが私の役割と考えている。そうでなければ、チームの結束力が高まらないからだ。

メンバー同士がお互いを理解するための機会をなるべく設け、そこに一定の時間を使うこと、上下関係なくひとりの人間として向き合うことができる、そんなチーム作りも私の役割だと思っている。

これら一つひとつの取り組みが、真の「ワンチーム」としての基盤を形成すると私は考える。

そのうえで、今足りないところは何か?

もっと強化すべきところは?

これらを考えて、ロスターを選んでいる。

次のページからは、なぜこの選手が佐賀バルーナーズに欠かせないかを述べていこう。

34 2023-24 B1シーズンのロスター

B2優勝後、達成感はあったが「しばらく休もう」という気持ちにはなれなかった。

どうやってB1で戦えるようにチームをまとめようか、それればかりを悩んでいた。優勝直後、いろいろな問題が山積みとなっていたからだ。

まずは現スタッフ全員に残ってもらうため動く必要があり、かつ新しいスタッフの招聘も急務であった。

選手たちも結果を残したのだから、「給与の増額」は必然だったし、選手からも希望してくるだろう。

ファイナルまで戦ったため、選手のリクルートを始めるのが他のクラブと比べると遅くなったのも痛手だ。そして、契約の切れる選手がチームに残ってくれるかも心配だった。

B1昇格のシーズン、エースであった西川貴之選手がチームを離れることになった。私は正直、彼とまた仕事がしたかった。

彼の茨城ロボッツでのプレーは本来の輝きではなく、どこか悩みながらプレーしているように感じられた。そんな彼の気持ちを察し、私は彼に、「一緒に佐賀で輝きを取り戻そう」と声をかけ、そして、一緒に昇格を成し遂げてくれた。同じような境遇を過ごしてきた私は、彼の気持ちが痛いほどわかっているつもりだった。

私も現役時代は、多くのチームでプレーしたことで、それぞれのチームの違いを実感することができた。プロチームである以上、全選手が何十年も同じロスターでできるのは不可能だ。たとえ、短い期間だったとしても、佐賀バルーナーズでともに戦ってよかったと思ってもらいたい。

だから私は、西川選手を快く送り出した。

35

B1で戦い続けるために

B1昇格は果たしたが、ここで戦い続けなくては意味がない。できることならば、メンバー全員を残したかった。このチームならば、B1で戦うことができるし、少なくとも残留できると思ったからだ。しかし、西川選手が抜けたあとに、ファイ・パプ月瑠選手も、ミカイル・マッキントッシュ選手も新天地を求めていってしまった。

その穴を埋めるためには、即戦力となるシューターとディフェンス力に長《た》けた人材が必要だった。

そのために以下の3点に絞って選手を探した。

・シューター、またはディフェンダーとしての実績
・バスケットボールへの強いこだわり
・優れたコミュニケーション能力

シューターとして狩野祐介選手、ディフェンダーとして葛原大智選手と相原アレクサンダー学選手を獲得した。さらにファイ・パプ月瑠選手が抜けたセンター、パワーフォワードに、ジョシュ・ハレルソン選手を福島から獲得した。契約した時点では帰化していなかったが、大きな賭けだった。

2023年6月に契約し、9月に日本への帰化が実現した。

彼はチームのムードメーカーでもあり、ブースターからも愛される一人だ。ジョシュが帰化した時点で、私の目標はB1残留ではなく、「CSへの挑戦」とターゲットは変わっていた。

自信があった。なぜなら、ジョシュを始めとして、チームのことを最優先することができる選手たちが契約してくれたからだ。

36 良好なチームワークの醸成に欠かせない選手

2021‐22シーズン、B2プレーオフの1回戦で香川ファイブアローズに負けたときは、若手の選手がプレーオフの重圧に負けて、普段のプレーができなかった。私はずっとそのことを考えていた。

次のシーズンにはチームのメンター的な役割の選手が必要だと痛感した。そのためにチームに必要なのは、百戦錬磨で戦ってきた山下泰弘選手しかいない。

彼とは東芝ブレイブサンダースで3シーズンをともにした。彼は5歳年下だが、私が先輩だからといって遠慮することなく接してきた。また、当時からその時のトレンドを教えてくれていたのは彼だった。

私が山下選手をどうしても欲しかった理由は、コート上で何が必要か、必要ないかを理解し、見極めてコントロールしてくれる選手だからだ。

そして、何よりコミュニケーションが取れる人物だ。メンバー間での対話や共有は、チームの方向性を決める重要な要素だ。山下選手は積極的な対話をしてくれ、チームの一体感には欠かせない。後輩の価値を認めたうえで、率直な意見を交換することができ、冗談をいいながらも互いに助け合える人物だ。

さらに、もうひとつ秀でているのは柔軟性だ。

一つひとつの戦術に対し、即適応し、自ら先陣を切ってくれるのが山下選手の素晴らしいところだ。先シーズンも山下選手の活躍で、何度助けられただろうか。

どんなチームスポーツでも、勝利に向かうためには、強固な結束力や信頼関係が必要だ。

私たちのチームは、他のチームから「チーム同士、仲がいいね」といわれることが多い。それは山下泰弘選手のおかげでもあると私は思っている。

37

チームにはムードメーカーが必要

チームが低迷していると、現場の〝不機嫌化〟が進む。何を言ってもピリピリしたり、ロッカールームで無言になったりしたら最悪の状況だ。

私も選手の頃、経験したことがあるが、不機嫌化はチームにとっては何ひとついいことはない。雰囲気の悪さは選手のパフォーマンスに影響するからだ。だから、たとえ負けが続いたとしても、マインドを切り替えて、翌日には普段通りのルーティーンで次に向かって準備することができるというのもひとつの能力だ。

ムードメーカーといえば、井上諒汰選手だ。佐賀バルーナーズが地域リーグの頃にトライアウトで加入した、努力の選手でもある。

とにかく明るい。そして、誰とでも打ち解けられる。それが井上選手の持ち味であり、長所だ。みんなが話しやすい雰囲気を作り出し、彼の存在自体が周囲をポジティブにする。このキャラクターはチームには必要である。

実は性格だけではない。彼は3ポイントの名手でもあるのだ。昨シーズンの個人成績は3ポイント43%の成功率だった。

B.LEAGUEの3ポイントの個人成績では比江島慎選手が44%で1位（※18）だが、成功数などが足りなかっただけで、この成績は実は誇れるべきこと。

これは日頃の練習の賜物《たまもの》だ。いつもチーム練習が終わっても、最後までシュート練習やワークアウトを欠かさない。

その日々の努力はチーム全員が知っている。だから、みんなに愛されているのだ。そして、彼はファンサービスも旺盛で、昔からのブースターは、彼を「Mr.《ミスター》・バルーナーズ」と呼んでいる。

※18　比江島慎選手が44%で１位

B.LEAGUEでは85%以上出場、かつB.LEAGUE戦での1試合平均３P成功数1.5本以上の選手が対象。

38 チームのいじられ役

いじられ役でチームの末っ子的な存在の、岸田篤生選手。いじられ役というと、今の時代、「それっていじめじゃないの?」と思われがちだが、彼はその真逆だ。話しやすいキャラクターで、選手からもスタッフからも好かれている。

フラットな性格で素直。だからこそ、自分の弱点を認めることができ、それが自身の成長につながっている。シーズンを経て、着実に成長する姿は、多くのブースターの目にも明らかなのではないか。

話しやすいキャラクターだからこそ、みんなに好かれていじられるのだ。まだまだバスケットプレイヤーとして成長できる可能性を感じるので、長く一緒にやりたい選手の一人である。

39

冷静沈着な選手

どんなときでも、冷静に物事を見られる能力を持つのが満原優樹選手だ。問題が起きたときに落ち着いた対応ができ、バスケットＩＱが高い。

一歩距離をおいて考えることができるタイプだから、視野が広く冷静な判断が下せるために、一見すると理性的なプレーヤーに映るが、バスケットにおいてミスすることも少ない完璧タイプだ。

日本人ビッグマンの中でも数少ない〝柔らかさ〟のあるシュートタッチを持ち、パスセンスも優れている。

外国人相手に当たり負けしないパワープレーが持ち味だ。何事にも動じない自信に満ちた姿は、彼の見えない努力の賜物だと思う。

40 努力で度胸をつけた選手

２０２１年、大東文化大学でバスケットボール部の監督をしている私の後輩の西尾吉弘さんに「いい選手はいる？」と尋ねたことがあった。

角田太輝選手を初めて見た時、間違いないと思った。一歩目の速さ、シュートのリリースの速さが圧倒的だったので、伸びると思った。そして、育ててみたいと思った。本人に会ってリクルートを行い、２０２２年の特別指導選手として、佐賀バルーナーズへの入団が実現した。

彼をひとことで言うと、真面目。井上選手同様、チーム内でも、いつも最後の最後まで練習をしている一人だ。

指示を正確に理解し、鋭い洞察力を持つ。自分の能力をわかっているせいか、クロスゲームの際でも自分が点を取れるという自信も持っている。シーズンを重ね安定した結果を残しつつあると思う。

佐賀県江北町出身の彼は佐賀バルーナーズで既に中心的な存在になっている。彼を獲得したことは大きな意味があると感じている。彼が在学していた白鷗大学の監督は、私が現役時代に栃木ブレックスで一緒にプレーをしていた網野友雄さんだ。彼もまた角田太輝選手を高く評価していた。

まだ20代前半なのに、肝が据わっており、「ここぞ」という時に立ち向かう姿勢がある。チームを統率する力も備えている。

そんな彼も大学時代、シューティングガードだった。ただ、ボールハンドリングも上手だったので、私はポイントガードとして育てたかった。

最初は新しいポジションに躊躇《ためら》っていたが、気にせず攻めるのが彼の持ち味。もっといい選手になると思うし、日本代表に選ばれる、一歩手前まで来ていると思う。

41

ポテンシャルと経験値の差異

激しいボールプレッシャーから、トランジションで先頭を走り、高い打点からフィニッシュを決める男、相原アレクサンダー学選手。身体能力は唯一無二の存在で、彼もチームに欠かせない人材だが、彼に足りないのは経験と自分自身を磨き上げる努力だ。彼は自責思考の定着が必要に思う。ミスやトラブルがあったときに「どうすべきだったのか」「何ができるか」などを考え、自分の成長につなげられることができるようになるとまだまだ成長する。新たな学びや対応力が身につけさえすれば、身体能力を発揮しやすくなることだろう。

B1でも十分に通用することを実証してくれた。臨機応変に対応できる力が備われば、未来を見て動くことができる大物に成長するだろう。

42

現状に満足せず次の基準を設定する職人

身につけた熟練した技術によって、幾度となくその高確率で正確な3ポイントシュートでチームを救ってきた、狩野祐介選手。彼は自己の目標設定が高く、成長のために何が必要なのかを考え、成果を出したら現状に満足せずに次の基準を設定する選手だ。プロ意識が高く、単なる「やらなければならないこと」を、「成長と貢献の機会」として捉え、周りの人に満足感を与え、それをモチベーションに変える人物だ。彼がビジネスマンだったら、たとえ、小さな仕事でも手を抜かずに向き合い、大きな仕事を成し遂げる——そんな男だ。

チームへの相乗効果は計り知れず、佐賀バルーナーズに足りない部分を補ってくれる存在だ。

43 「やり抜く力」を備えた選手

やり抜くという言葉ですぐに思い浮かぶのは、通称〝レイ〟。佐賀を支えるキープレーヤーである、レイナルド・ガルシア選手だ。

私が佐賀バルーナーズに来る1年前に来日し、運よくレイを引き継げた。

私も現役時代にポイントガードをやっていたので、やはりポイントガードのポジションからアドバンテージを取りたいという気持ちがあるし、どこもやっていないスタイルのバスケで勝負するのが私のスタイルである。

レイはプレーへの情熱があり、「自分で決めてやる」というやり抜く力を備えている。得点だけではなく、チームメイトの特徴を理解し、それを生かしてプレーすることを心がけているのだ。

社会で働いていると同じようなことがあると思う。自分の能力よりも何段階かハードルの高いことが回ってくることもあるだろうし、苦手なこともまた然り、それでも試行錯誤を繰り返し、自分なりに粘り強く取り組む姿勢は重要なことだろう。苦手だからと目の前の壁を避けてしまったり、失敗したから諦めてしまったりする人もいるが、それでは「やり抜く力」が身につかない。

しかし、レイにはその力が備わっている。一度、試合を見た方はおわかりだろうが、レイは最後まで粘り強く戦う一方で、周囲のこともよく見えている。レイがチームにいてくれたら、型破りな発想のバスケットボールが実現できるかもしれないと思わせてくれる。

B．LEAGUEでは、外国人ポイントガードのチームは主流とは言えない中、これほどクオリティの高い選手と出会うことができたのは、ラッキーとしか言いようがない。

B1昇格後も高いクオリティを維持し活躍しているので、2024年2月に母国のキューバ代表に選ばれたのも当然と言えるだろう。

44 縁の下の力持ち

自分のためではなく、チームのために、一生懸命努力する男といえば、チェイス・フィーラー選手だ。彼は陰の功労者であり、チームに不可欠な存在だ。彼はベルギーでもオランダでも、そしてB1リーグでも優勝経験があり、満原選手同様にバスケットIQの高い選手だ。

彼自身も、「バスケットにおいて得意な分野はないけれど、なんでもできる」と自負しており、その言葉の通り、何をやらせても器用なオールラウンダーなのだ。ビジネスシーンに例えるならば、会議で目立つ発言をする人物ではなく、黙々と成績を残しつつ、陰ながら仕事を支えたりする人物。いわば縁の下の力持ちなのだ。チェイスがいるからこそ、チームが引き締まると思っている。

45

ブースターを味方にした選手

ヨーリ・チャイルズ選手は並外れた運動能力があり、アグレッシブで、誰からも慕《した》われる性格の持ち主だ。一方で、2023－24シーズンのフリースローの成功率が50％以下という弱点もある。しかし、あるブースターが「今日はヨーリがフリースローを入れるのを会場まで見に来ました」と話していた。そう、彼はブースターを味方にした男だ。フリースローが入ると、ブースターから会場が割れんばかりの拍手喝采を浴び、強烈なダンクで人々を魅了。

今シーズンの残留について悩んだのも事実だ。ただ、彼はまだ20代半ば。伸びしろもあるし、何よりも彼がいなくなったら、ブースターが悲しむはず。彼の活躍が佐賀バルーナーズの光になることを期待している。

46 結局は努力が大事だと思わせる選手

中西佑介選手。彼もまた、トライアウトから這い上がった生え抜きの選手だ。その筋骨隆々の体とは対照的に、優しい性格からいつでも〝チームファースト〟を体現できるユーティリティープレーヤーでもある。

192㎝の高身長ながら、アウトサイドからのドライブや3ポイントなど、現代バスケにフィットした多彩なプレーヤーだ。彼の活躍なくしてB1昇格はなかったといえるほどの努力家だ。もちろん、野心もあり、チームの勝利を第一の目標とし、副産物として自分の成功も目指している。

トライアウトや練習生といった苦労を知る人間こそが、佐賀バルーナーズの土台を支えている。

47

支えてくれた二人のコーチ

最終決定を下すのがヘッドコーチの役割であり、すべての責任はヘッドコーチにある。私はさまざまな判断を下す際、想定されるメリット、デメリットを抽出し、コーチ陣やスタッフに相談する。

高橋哲也アシスタントコーチは曲がったことが嫌いで、常に冷静に判断できるコーチだ。私はそのときの〝感覚〟で戦術だったり、練習内容を変えるタイプなので、彼の状況に左右されない判断力からは多くを学んでいる。

ポイントガード出身の石谷聡アシスタントコーチ（※19）は、物事に対して捉える視野がとても広い。その分、私には見えない気が付かないことに反応し、適切に整理してくれた。彼らの存在がなければ、成功は絶対にあり得なかった。

※19　石谷聡アシスタントコーチ

2024-25シーズンよりB2のライジングゼファーフクオカのGMに就任。

48 B1シーズン開幕

B1昇格初年度、2023年10月5日、佐賀バルーナーズは先出しの開幕戦に選ばれた。

これは毎シーズン2チームにしか与えられない名誉な試合であり、多くの注目を集める一戦である。しかも、ホームのSAGAアリーナで。

対戦相手は前年度B1チャンピオンの琉球ゴールデンキングスであった。

この話をいただいたときの私の胸に湧き上がったのは、「よし、絶対に勝つ!」という強い決意だった。みんなが注目を浴びる試合で番狂わせをしようと試みた。

しかし、試合の結果は63対80で、琉球ゴールデンキングスの圧勝だった。2

試合目はなんとか食らいついたものの、79対80で琉球ゴールデンキングスに軍配が上がった。

もちろん下馬評では琉球の圧勝。

佐賀バルーナーズはＢ１初年度、残留するのがやっとだろう。それが世間の評価だった。

しかし、この敗北により次の目標ができた。

「次は勝つ」と。

敗北が私たちを強くする

ただし、その前に「負けたことを受け容れる」のも必要だと思っている。

ヘッドコーチとしては新しい可能性を見つけられたときに、もっともやりがいを感じる。勝った試合よりも負けた試合のほうが課題は明確になる。

そして、今後のチームのあり方について一筋の光が見えたとき、「明日からさらに強いチームが築き上げられるのでは？」という気持ちが高まる。

ヘッドコーチの醍醐味は、チームの可能性を最大限に引き出すことにある。私は逆境に立ち向かうほうが向いているのかもしれない。

なぜなら、私はアップセット（予想外の結果）が好きな性格だからだ。佐賀バルーナーズがB1に昇格することも、世間では「無理だろう」と評価されていた。でも、今や「次に勝つ」と周囲に思わせるチームに成長をした。

「ジャイアントキリング」は、スポーツの試合などで明らかに格上の相手から（大方の予想を覆して）勝利をもぎ取る、いわゆる「大番狂わせ」を意味するが、それは偶然には起こらない。その前の準備とモチベーション、そして試合当日の雰囲気、観客の声援が完璧に相まって起こるのである。だから強く思う、次の試合を見てほしいと。

49

バスケの聖地に乗り込んで

先シーズン、いちばん収穫があった試合は２０２４年4月17日、水曜日に沖縄アリーナで行われたアウェーでの琉球ゴールデンキングス戦だった。97対１０１で敗れはしたが、この試合は今も鮮明に記憶に残っている。ダブルオーバータイムの末の惜敗であり、シーズンの集大成ともいえる内容だった。シーズン開幕戦で琉球ゴールデンキングスと戦った際に、我々はＢ１の洗礼を受けた。当時の佐賀バルーナーズでは歯が立たないと痛感した。同地区のため4回対戦する機会があったが、シーズン序盤に対戦した際も、力が及ばなかった。

最終戦ではチームが成熟し、完成形に近い状態で勝てる兆《きざ》しが見えた。

ダブルオーバータイムは佐賀バルーナーズでは初めての経験で、みんな、疲れていた。だが、相手も一緒だ。

レイナルド・ガルシア選手は26点、角田太輝選手は19点を挙げ、2人とも3ポイントシュートを3本決めた。これは我々の理想とする形だった。

相手の選手、コーチ陣の顔も本気になっていたのがわかった。負けはしたものの、大きな自信となった。

井上諒汰選手は「アウェーで、しかもバスケの聖地で、チャンピオンチームと接戦ができたことは、ワンシーズン通してのチームの成長を感じた」と語った。負けはしたものの、チームが示した粘り強さは大きな成長の証だ。ホテルに戻るバスの中で、選手はぐったりしていたが、落ち込んでいる者はいなかった。むしろ「次は勝てる」という前向きな気持ちに満ちていた。

50

29勝31敗

Ｂ１初年度、我々は最終成績29勝31敗（勝率．４８３）で、西地区5位で終わった。Ｂ１昇格初年度で歴代最多の勝利数を更新した。

しかし、選手もスタッフも後悔の念を拭《ぬぐ》えない。あと1勝していれば勝率5割に達し、チームの最低限の目標を達成できたからだ。

ただ、私は「30勝を取りにいこう！」と、試合前に選手にプレッシャーを与えたくはなかった。そういうプレッシャーが武器となってうまくいく選手もいるが、若い選手には負担になることも確かだ。

そのため、最終戦でもいつも通りの指揮をした。

最終戦は、同地区の名古屋ダイヤモンドドルフィンズとの対戦だった。第4

クォーターには追いつく場面もあったが、最終的に68対80で敗れてしまった。この日の勝利で、名古屋ダイヤモンドドルフィンズは西地区優勝を決めた。

シーズンを振り返れば、勝ちを取りこぼした試合があったことを感じる。来シーズンに向けて、チームの課題はたくさんあるが、このチームならば勝ち切る力はあると確信している。

試合後、角田選手は語っている。

「ここが僕らの〝到達点〟ではなく、あくまでも〝通過点〟。一喜一憂するわけではないが、前に進む材料にしていきたい」

それがすべてだと思う。

それでも、失点は24クラブ中6番目に少なく、貫き通した持ち味のディフェンスがB1でも十分通用することを証明できた。

COLUMN

継続する力は決して無駄にならない

佐賀バルーナーズ以外で記憶に深く印象づけられた選手が1名いる。富士通レッドウェーブに長年所属し、WNBAのワシントン・ミスティクスでも活躍した、町田瑠唯選手だ。

富士通レッドウェーブに入団したとき、私はためらいがあった。小学生の頃から男まみれの世界で過ごしてきたため、女子チームでの指導に不安があったのだ。しかし、富士通レッドウェーブで最も印象的だったのは、女子選手たちの卓越した継続力だ。実は、練習内容自体は男女で大きな違いがあるわけではなかったものの、より繊細なコミュニケーションが求められた。

町田選手はコート外ではシャイで、礼儀正しい一面がある一方で、いざ、練習が始まると、強い闘争心を発揮した。

彼女に感心したのは、毎日、同じルーティンを厳格に守り、自分に合う正しい準備を怠らないストイックな姿勢だった。町田選手の「継続する力」だ。

当時の町田選手にはアメリカでプレーするという目標があった。彼女はひとつのことを継続することで、能力や自分の価値があがることを潜在的に知っていたようだ。町田選手は生まれながらに類まれな才能の持ち主だったが、継続する力を備えたことで、新たに開花させた才能もあったように思う。だからこそ、ＷＮＢＡでのプレーが成し遂げられたのだと思う。

宇都宮ブレックスの田臥勇太選手も、毎回、練習や試合前のルーティンがあることで有名だが、町田瑠唯選手はそれ以上に徹底してた。

地道に努力をし続けることは決して無駄にならない。そのことを町田選手から教わった。女子のバスケットを学ぶことができたのは、私のキャリアにおいてとても重要な時間だった。

DIADORA
NIKE
AIR

6章

B1リーグ、その先へ

佐賀から世界へ。
未来のためのチームづくり

51

2024-25のロスター

2023-24シーズンを、我々は西地区5位で終えた。一時は、ワイルドカードの最後の切符が手に届きそうだったが、残念ながら叶わなかった。

リクルートをしたくても財政面などを考えると、多くの選手がファーストコンタクトで佐賀に来てくれる状況には至っていない。

だからこそ、今いる選手を大事にしたいという思いが強い。また佐賀の人々には、長期に渡って同じ選手を応援し続けてほしいと願っている。

2024-25シーズンに向けて、チームのメンバーをほとんど残した理由は、現状のチームケミストリーが良好で、もっと成長できるという感覚がずっと続いているからだ。

ただ、セカンドユニットをもっと強化する必要があるとは感じていた。

今オフの金丸晃輔選手の加入は、チームにとって大きなアドバンテージになるだろう。

2年前から、経験豊富なシューターがあと1名欲しいと思っていた。

金丸晃輔選手は、NBLでの優勝経験もあり、2020－21シーズンB．LEAGUE MVPも獲得した経験のある選手だ。彼の加入により、オフェンスのスペーシングが向上すると思うし、ドライブが得意なレイナルド・ガルシア選手、角田太輝選手、チェイス・フィーラー選手のドライブレーンがさらに空くだろう。

我々の特殊なディフェンススタイルは、2024－25シーズンもその精度を高めていきたい。オフェンスでは金丸選手が加入したことで、勝負どころの見極め、より効率的な得点が可能になると期待している。私も楽しみにしているし、みなさんも期待していただきたい。

52

「できる」と思うこと

私に戦術があるとしたら、それは「人」だ。

勝負の世界では、どれだけ大きな壁に直面しようと、立ち向かっていかなければならない。それを乗り越えられるのは、人と人。チームワークしかないと確信している。

これまでさまざまな困難に直面してきた。しかし、今振り返ると、それらは新たな出会いや、人を見極められるチャンスでもあったと思う。

私がリーダーとしてふさわしいかどうかは、自分でもまだわからない。ただ、人を見る目や温かい心だけは持ち続けたいと思う。そして、現在のチームとスタッフがいれば、私にもできるという強い自信がある。

GMとしてこの2年間は勝負の時

これからの2年間、まずは「プレミアリーグ」（※20）への参入基準達成が大きな目標だ。長期的には「優勝」という目標を掲げ、それを何としてでも実現するという強い思いを、選手・スタッフと共有し、日々の進歩を実感できるよう努めている。

プレミアリーグ参入がゴールではないが、そこから逆算して必要なタスクを決め、着実に進めていきたいと思う。

ビジネスの観点からは、最終的にホームの1試合でどれだけの利益を生み出したのか、1年でどれだけの集客ができたのか数字で伝えることが求められる。

変化が凄まじい世の中、スピーディーに情報を吸収して、価値観を更新していくことが求められる。現状を把握して、今できることは何かを考え、佐賀バルーナーズを「箱推し」してもらえるチームに育てていく。緩やかでも持続的な成長を目指し、田畠社長と共に様々な仕掛けを打ち出していく必要がある。

※20　「プレミアリーグ」
2026年から「B1」名称を「Bリーグプレミア」に変更予定。現段階では1試合平均入場者数が4000人以上と売上高12億円以上を22〜23年シーズン2期連続で達成したチームのみ参加できる。

53

勝利インタビュー

みなさんに第一声を伝える、試合直後の勝利インタビュー。

短い質問に答える形式のため、ポイントをひとつ、ふたつに絞って、端的にわかりやすい回答を意識している。

単なる勝ち負けではなく、勝ちへのプロセスに価値を感じるものを多く語りたい。特に会場には子どもたちもいるため、〝わかりやすく〟はとても大切なことだ。子どもたちに、ただ単に試合に勝ったことだけではなく、試合の中身が重要だと知ってほしいと思っている。

選手・スタッフには、この広く素晴らしい会場でバスケットボールができることは決して当たり前ではないと、毎回、自分自身に言い聞かせるように話している。

相手チームはもちろん、審判やスポンサーの存在があって、今の私たちがあることへの感謝の気持ちを込めて話すように心がけている。もちろん会場に足を運んでくれるブースターのみなさんも。

人との接し方や相手への敬意を表す言葉は、これまでの経験から身についた。これはバスケットボールの世界だけではなく、自分の人生にも活かされていると実感している。

勝利インタビューだけでなく、雑誌やテレビの長いインタビューを受けることも多い。それらが記事や映像になると、自分の考えを語ったつもりが、いろいろな角度から質問されたおかげで、普段は思いつかなかった新しい視点やより深い考え方を得ているケースも少なくない。

本にまとめたことで、私の考えや戦術も、アップデートされた。頭の中でだけで考えるのではなく、紙に書くことで、思考を整理でき、やるべきことが明確になってきた。未来の設計、心の整理法としておすすめしたい。

54

子どもたちの夢の場所に

私はバスケの選手や指導者として、東芝(現・川崎)、栃木(現・宇都宮)、千葉、北海道、富山のチームを渡ってきた。そのため、よく「チーム作りは、やはり所属してきたチームを意識していますか?」と聞かれることもあるが、実は目標としているチームはない。

確かに運営面では千葉ジェッツふなばしは、最も理想に近い目標かもしれないが、むしろ、佐賀が新しいロールモデルになりたい。なぜなら、地方都市のクラブの見本となるような存在になりたいからだ。

2023年の統計では、佐賀県の人口はおおよそ83・2万人で、全国で42位だ。最も人口の多い市町村である佐賀市でも、約23・6万人。65歳以上の高齢者が30・9％を占めているそうだ。

このような小規模な現状にもかかわらず、アリーナに年間15万人もの観客を動員できるチームは他にはない。

もっと躍動！　子どもたちのために

佐賀がバスケットボールで盛り上がってきているのは肌感覚でもわかる。

佐賀バルーナーズ以外に佐賀市には他のプロスポーツチームがないのも大きな要因だが、そもそもB3時代から地域密着型のチームだった。子どもたちがプロバスケットボール選手と触れる機会が多いのも大きなポイントだ。

特に子どもたちに「また来たい」「また試合を見たい」と思ってもらえるよう、さまざまな取り組みを試行錯誤、お試ししている最中だ。

具体的には以下のようなものだ。

・佐賀バルーナーズが関与するイベントやキッズデイの開催

・子ども向けアリーナグルメの提供
・子ども用チケットの低価格化と、特典付きチケットなどの充実
・クラブとしてバスケット練習場を作って、チーム練習はない時間帯は一般開放

こうした試みは、〝トライ&エラー〟でもいいので、来シーズンもできることからやっていきたいと思っている。

55 佐賀バルーナーズの今の目標

私には成し遂げたい夢がある。

ひとつは地元佐賀出身の選手を育成し、活躍する姿を子どもたちに見てもらい、憧れや目標とされるような存在にすることだ。最終的には日本代表に選ばれるレベルの選手となって、「佐賀」を日本中にアピールすること。

現在、角田選手がその目標に近い存在だが、ひとりと言わず、ふたり、3人ともっと佐賀出身の選手が全国、世界レベルの選手となるよう育てていきたい。

次に、2026年から始まるプレミアリーグに参入し、強豪チームと互角に戦えるチームを作りたい。

2026年のシーズンは未来のB.LEAGUEに大きな影響を与える年に

なるだろう。従来の成績による昇降格制度が廃止され、数々の細かな基準をクリアしたホームアリーナ確保や平均入場者数4000人以上、年間売上高12億円が求められている。

我々にとっては大きな挑戦にはなるが、日本のバスケットやB.LEAGUEの成長は著しいし、新しいバスケ界が楽しみでもある。うまくいけば、NBAを凌ぐほどの発展になるとも予想されている。プレミアリーグに上がって、「佐賀」を盛り上げ、県民のみなさんに愛されるチームになりたい。

そのためには佐賀県民の方々はもちろん、県外の人々の協力が必要となる。ぜひ、SAGAアリーナに今季も足を運んでほしい。

56

想像を超えるということ

「B2で優勝してB1に昇格すること」
「新しいアリーナでホーム開幕戦を迎えること」
「今までお世話になったチームと対決して完勝したい」
「B1に昇格したら25勝」

2年間でこうした目標を、たくさんの人の想いと努力のおかげですべて成し遂げてきた。

でもこれはすべて過去のことだ。私が掲げる究極の理想とは、私たち佐賀バルーナーズに関わるすべての人々が、想像を超えたところにある感動を一緒に味わうことだと思っている。
私たちは困難を乗り越え、チャンスをものにし成長してきたのだ。
島義勇《しまよしたけ》（※21）は、北海道の地に降り立った際、次の言葉を残している。

水遠く流れて 山隅《すみ》に峙《そばた》つ
平原千里 地は 膏腴《こうゆ》
四通八達《しつうはったつ》 宜しく府を開くべし
他日五州 第一の都

遠く河水がゆるやかに流れ、一方の隅に山がそびえている。
ひろびろとした平原が千里の彼方まで続き地味は豊かである。
北海道の各地へ道を通じるに便であり、まさに首府をおくに最適である。
いつの日か、おそらく世界第一の大都になるであろう

※21　島義勇
江戸時代末期から明治にかけての佐賀藩士であり明治政府官吏。「北海道開拓の父」と呼ばれる。

（北海道神宮奉賛会発行「島義勇漢詩集北海道紀行」）

島義勇が１６５年前に北海道の大発展を夢見たように、佐賀ではバスケを通じて新たな文化と喜びが芽生えつつある。私たちがこれから成し遂げることは、私たちの想像を超える未来への第一歩になるだろう。

おわりに～島義勇との繋がり

佐賀に来る前まで、島義勇という人物は知らなかった。

山口祥義県知事から、「これを読んでみてください」とすすめられたのが、島義勇の本だった。

江戸時代末期（幕末）から明治にかけての佐賀藩士だった役人の島義勇。北海道に渡って、札幌を開拓して街を造ったことを知った。

島は「世界一の都」を札幌に造ることを掲げて、京都を参考にした壮大な都市計画を策定した。当然、開拓には莫大な費用がかかり、凶作にも見舞われ、財政面ではかなりの苦労をしたとのことだった。

本を読み終わり、山口県知事からはとてもありがたい言葉を頂戴したことに気づいた。

さらに山口県知事は私にこう言った。

「あなたは島義勇の逆パターンで、北海道の札幌出身のあなたが佐賀に来て、佐賀の歴史を作ってください」

そのときはまったくピンとこなかった。

私自身、島義勇氏のようになれるとは思わないが、佐賀バルーナーズを、いや、佐賀を、日本一の街にしたいという思いは、今もなお、変わらない。そのために日々、挑戦や変化を恐れず、「みんなでやってみよう」というチャレンジ精神を持ち続けたいと思っている。

最後に、この場を借りて、佐賀県の山口祥義知事、佐賀市坂井英隆市長にもいつも多大なご協力をいただいていることに感謝を申し上げたい。この2人がいなければ、本を書こうなんて到底思いつかなかっただろう。

そして、B.LEAGUEのチェアマンであり、私の心の師でもある島田慎二さんに帯のコメントをいただけたことをたいへんに誇りに思う。感謝申し上げたい。島田さんに認められる指導者になることがひとつの目標だった。

本書を出版するにあたり徳間書店の安田宣朗さんに感謝、そして、本書の制作に尽力してくれた大島頼昌さんをはじめ、佐賀バルーナーズの試合日はもちろん、オフの日も関係なく動き続ける、山口晶子チーフマネージャー、原口ななみ広報にも、「いつも支えてくれてありがとう」と伝えたい。

私の一番の理解者であり指導者でもある、ヒューベストホールディング岡野晃士代表、佐賀バルーナーズ田畠寿太郎社長にも感謝申し上げたい。

最後に、妻と家族には「Special Thanks & I Love You」と伝えたい。

いつも私のことを第一に考えてくれている家族がいなければ、今日の日を迎えることができなかった。私のバスケットボールへの情熱は、家族の愛が原動力だ。

誰も一人では生きられない。私にもし戦略があるとしたらそれは人材だ。人がすべてだと思う。今まで、そしてこれからも、私に関わってくれたすべての人に、少しでも恩返しできるように人生を送りたいと思う。

シンプルに、そして大胆に——想像を超えろ。

宮永雄太

molten

執筆　大島頼昌
編集　橋本優香
写真　柴田フミコ、久保仁志
装丁・デザイン　吉田憲司（ツマサキ）
佐賀バルーナーズ
マネージャー　山口晶子
広報　原口ななみ
協力　B.LEAGUE

宮永 雄太（みやなが ゆうた）

1981年8月1日生まれ。北海道出身。大東文化大学卒業。順天堂大学大学院修士課程修了。2004年、東芝ブレイブサンダース（現・川崎ブレイブサンダース）に入団。その後、リンク栃木ブレックス（現・宇都宮ブレックス）、千葉ジェッツ（現・千葉ジェッツふなばし）、レバンガ北海道、富山グラウジーズで活躍。富山グラウジーズでは選手兼アシスタントコーチの経験をする。現役引退とともに富士通レッドウェーブのアシスタントコーチに就任。レバンガ北海道でヘッドコーチを務め、2021年から、「佐賀バルーナーズ」のヘッドコーチ兼GMを務める。2022・23シーズンはB2リーグで優勝を飾り、B1リーグへの昇格を果たした。

B.LEAGUE新時代のリーダー論
「佐賀バルーナーズ」はなぜ強くなったのか？

初版第一刷　2024年9月30日

著者　宮永雄太
発行者　小宮英行
発行所　株式会社 徳間書店
〒141-8202　東京都品川区上大崎3丁目1番1号　目黒セントラルスクエア
電話　【編集】03-5403-4350
　　　【販売】049-293-5521
振替　00140-0-44392
印刷・製本　株式会社広済堂ネクスト

ISBN978-4-19-865887-8